국가는 부유한데
나는 왜 행복하지 않을까

KOFUKU TOJOKOKU NIPPON: ATARASHII KUNI NI UMAREKAWARU TAMENO TEIGEN
written by Masaaki Mezaki
Copyright ⓒ Masaaki Mezaki, 2011
All rights reserved.

Original Japanese edition published by Aspect Corporation.

This Korean language edition is published by arrangement with
Aspect Corporation, Tokyo in care of Tuttle-Mori Agency, Inc., Tokyo
through Shinwon Agency, Seoul

이 책의 한국어판 저작권은 Tuttle-Mori Agency, Inc.와 신원 에이전시를 통해
Aspect Corporation.과 독점 계약한 페이퍼로드에 있습니다.
저작권법에 의해 한국 내에서 보호를 받는 저작물이므로 무단 전재 및 무단 복제를 금합니다.

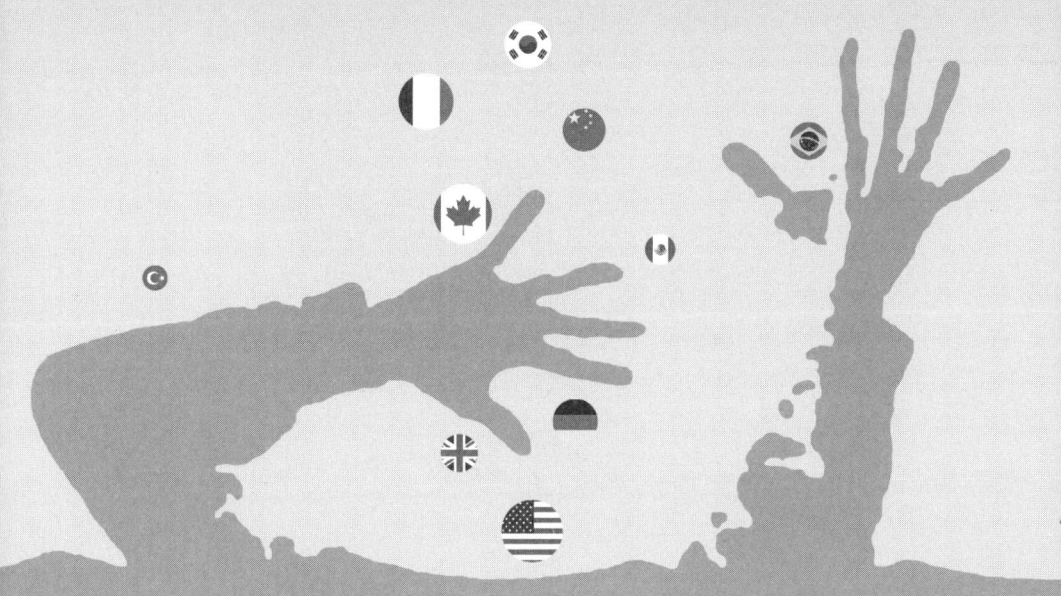

동아시아 행복도상국의 국민이 살아남는 법

국가는 부유한데 나는 왜 행복하지 않을까

메자키 마사아키 지음 | 신창훈 옮김

저자 한국어판 서문

나는 불행했다

나는 예전에 세계적인 금융·투자회사인 메릴린치의 파생금융상품 트레이더였다. 메릴린치에 입사한 1993년은 일본에서 막 파생금융상품 시장이 열리던 때였다. 당시 최신 금융기술을 보유하고 있던 나의 팀은 엄청난 수익을 올렸다. 하지만 시간이 갈수록 나는 이 직업에 회의를 느꼈다.

겉으로만 보면, 20대에 결혼도 안 한 청년이 부모보다 더 높은 연봉을 받으며 주말에는 스포츠를 즐기며 인생을 만끽하고 있는 것처럼 보였을 것이다. 하지만 그때 나는 행복하지 않았다.

메릴린치 입사 후 얼마 동안은 금융을 이해하는 즐거움으로 버틸 수 있었다. 하지만 앞으로 10년, 20년을 더 '합법화된 도박판' 속에서 영혼을 팔며 살아가는 내 모습을 상상하니 정말 끔찍했다. 금융 트레이더의 세계는 돈이 모든 것을 좌지우지하는 곳이었다.

그렇다고 내가 돈의 중요성을 부정하는 건 아니다. 다만 돈만으로는 행복한 인생을 누릴 수 없다는 걸 알게 됐다는 뜻이다. 파생금융상품 트레이더를 하면서 가장 심각한 문제는 내 인생의 목표를 잃어버린 것이었다.

미지의 세계를 찾아

미국, 유럽 등 그때까지 내가 만난 선진국 사람들의 생활방식에는 별다른 차이가 없었다. 자라온 환경이 비슷하니 삶의 방식도 같을 수밖에 없었다.

그래서 나는 '지금의 나로서는 도저히 상상할 수 없는 환경 속으로 들어가보면 완전히 다른 가치관과 삶의 방식을 접할 수 있지 않을까' 생각했다. 그러기 위해서는 이른바 '미지의 세계'로 떠나는 길밖에 없었다. 그냥 스쳐 지나가는 여행이 아니라 최소한 6개월에서 1년 이상 한 곳에 머무르며 그곳 사람들의 삶을 들여다볼 필요가 있었다.

가장 먼저 떠오른 나라는 인도였다. 물론 한 번도 가본 적이 없었지만 '인도에는 내가 모르는 그 무언가가 있을 것'이라는 막연한 기대가 생겼다. 또 인류의 탄생지인 아프리카와 정열의 땅 라틴아메리카 사람들을 만나 그들의 희로애락을 피부로 느끼고 싶었다. 한 지역에 6개월에서 1년 가까이 머문다면 2~3년 안에 내가 원하던 여행을 끝낼 수 있으리라고 계산했다. 그 순간 나는 어떤 미련도 없이 회사에 사표를 던졌다.

아시아 여러 나라를 여행한 뒤 인도에 도착한 나는 '아슈람'으로 불리는 힌두교 승원에 들어가 상당 기간 명상에 빠져 있었다. 인도에서의 첫 방문지로 승원을 택한 것은 금융과는 완전히 다른 세계를 접하고 싶었기 때문이다.

금융의 세계는 모든 것을 숫자로 해석하고 논리로 미래를 예측하며 결과 역시 숫자로 표시하는 곳이다. 하지만 명상의 세계에서 논리는 전혀 중요하지 않다. 오히려 '어떻게 하면 생각을 안 할 수 있을지' 요구하는 곳이다. 생각하는 게 아니라 느끼는 것이다.

명상은 '지금 여기에 있는 나 자신이 무엇을 느끼고 있는지' 찾는 내면 여행이었다. 내가 목표로 삼았던 '패러다임 전환'을 위한 환경이 그곳에 있었던 것이다. 결국 나는 1년 이상을 '아슈람'에서 보냈다.

하지만 한계도 느꼈다. 명상으로 심신의 평온함을 얻는다고 해서 내가 발 딛고 있는 사회가 행복해지는 것은 아니었기 때문이다.

자신의 내면을 보는 데는 명상만 한 게 없다. 자기 자신을 모르면서 타인과 사회를 이해하는 것 역시 불가능하다. 하지만 내면을 이해하는 것과 수많은 사람들과의 공존 가능성을 찾는 것은 전혀 다른 문제였다.

탱고와 행복

여행을 시작한 지 3년이 흘렀지만 나는 여전히 인도에 있었다. 아프리카와 라틴아메리카는 근처도 가보지 못했다. 애초 2~3년 안에 세계를 여행하겠다는 계획은 수포로 돌아갔다. 원래 일본에서 3년은 '사회 복귀의 한계점'으로 인식되는 기간이다. 물론 이는 일본 사회의 암묵적 상식이다.

나는 그 상식을 버리기로 했다. 그리고 '스스로 납득할 때까지 여행을 계속해야겠다'고 다짐했다. 그때가 진정으로 행복을 찾는 여행의 출발점이었다.

인도를 떠난 뒤 나는 파키스탄을 경유해 아프가니스탄으로 향했다. 당시 아프가니스탄은 탈레반 정권 시절로, 치안 자체는 괜찮은 곳이었다. 내가 만난 아프가니스탄 사람들은 매우 친절했고, 거리낌 없이 집에 식사초대를 해줬다. 그러나 아프가니스탄에서 이란으로 넘어갈 때쯤 미국에서 테러가 발생했다. 바로 2001년 9월 11일 전 세계를 충격과 공포로 몰아넣은 '9·11 테러'였다.

테러 이후 상황이 완전히 바뀌었다. 이슬람 국가에 머무는 것 자체가 엄청난 모험이었다. 미군이 언제 공습을 할지 모를 때였기 때문이다. 애초 계획은 시리아, 요르단, 이스라엘, 레바논 등 중동 국가를 여행하는 것이었지만 물리적으로 불가능했다. 그래서 나는 터키를 경유해 동유럽으로 향했다. 그 후에는 아프리카와 중남미를 여행했다.

조력자도 없이 혼자 1년 동안 아프리카를 여행할 때는 너무나 힘이 들었다. 하지만 그곳에서 나는 많은 사람들과 마음을 주고받았고, 거대한 자연에 매료당했다.

처음 여행을 시작했을 때는 그 전까지 보지 못했던 것들, '나와 다른 사람과 환경'을 찾아 다녔다. 하지만 여행이 길어지면서 나의 관점은 점차 변해갔다. 이질적인 것에 집착하지 않고 '공통점이 무엇인지'를 찾기 시작했다. 이것이 '행복 연구'의 출발점이 됐다.

중남미 여행 때는 아르헨티나 부에노스아이레스에 1년 정도 머물렀다. 여기서 나는 운명적으로 '탱고'와 만났다. 아르헨티나의 탱고는 행복을 연구하는 내게 매우 중요한 힌트를 제공해줬다.

보통 탱고라고 하면 '화려하고 정열적인 춤' 정도의 인상을 갖고 있다. 하지만 그것은 쇼를 위한 탱고다. 부에노스아이레스에서 일반 사람들이 즐기는 '살롱 탱고'와는 전혀 다른 것이다.

살롱 탱고는 기본적으로 다른 사람에게 보여주기 위한 춤이 아니다. 화려한 움직임도 없다. 단지 스스로 기분을 좋게 하는 춤일 뿐이다.

살롱 탱고의 매력은 너무 많다. 보통 일본이나 한국에서 춤이라고 하면 '음악에 맞춰 정해진 몸동작을 여러 명이 함께 맞추는 것'으로 이해된다. 요즘 유행하는 아이돌의 군무를 연상하면 딱 맞을 것이다.

하지만 살롱 탱고는 음악을 자유롭게 해석해서 그 순간의 감정을 춤으로 표현한다. 즉 완전히 같은 곡이라 해도 100번 춤을 추면 100번 다른 몸동작을 보인다는 뜻이다. 살롱 탱고는 '춤'이라는 신체 움직임을 사용한 자기 표현의 '언어'였다.

언어에 문법이라는 룰이 있듯이 탱고에도 룰이 있다. 그 룰은 커뮤니케이션을 원활히 하기 위한 수단으로, 어디까지나 상대와의 의사소통이 목적이다.

특히 살롱 탱고는 남녀가 가슴과 가슴을 완전히 밀착하기 때문에 여성의 두 다리는 남성의 세 번째, 네 번째 다리인 것처럼 느껴진다. 마치 두 사람이 4개의 다리를 가진 생명체처럼 움직인다.

또 살롱 탱고는 일명 '행복 호르몬'으로 불리는 옥시토신을 분비하는 효과도 있다. 옥시토신을 분비하는 가장 간단한 방법은 서로 껴안는 것이다. 살롱 탱고는 상대와 줄곧 안은 상태로 춤을 추기 때문에 '사람을 행복하게 만드는 춤'이라고 해도 틀린 말이 아니다.

조사 결과에 따르면 아르헨티나를 비롯한 중남미 국가들은 행복지수가 매우 높게 나온다. 빈부격차가 크고 실업률도 높으며 범죄 발생률 또한 높은데도 다른 지역에 비해 행복지수가 높은 편이다. 라틴 아메리카인들은 인생을 즐길 줄 아는 사람들이었다.

중남미는 매우 특수한 지역이다. 본문에서 자세히 언급하겠지만, 나는 한국이나 일본이 중남미와 같은 나라가 되어야 한다고 주장하는 것은 아니다. 물론 그들로부터 배울 점은 매우 많다. 하지만 우리가 지향할 방향은 라틴아메리카와 함께 또 다른 '행복한 사회'로 평가 받는 북서유럽이다. 북서유럽의 이야기 역시 본문에 상세하게 언급했다.

중남미를 한 바퀴 돌고 나서 일본에 돌아왔을 때는 이미 10년이라는 세월이 흐른 뒤였다. 귀국 후 나는 2년 동안 집에 틀어박혀 있었다. 세계여행을 통해 배우고 경험한 것을 책으로 전해야겠다고 생각했다. 여기에는 사명감 같은 것도 있었다.

3가지 종류의 행복 연구

행복 연구에는 크게 3가지 종류가 있다.

첫 번째는, 뇌과학 또는 심리학을 적용한 연구방법이다. 과학적으로 행복을 느끼는 메커니즘을 규명하는 게 이 연구의 핵심이다. 긍정심리학 등 우리가 보통 행복 관련 서적들에서 접할 수 있는 행복 연구가 이 부류에 속한다.

이런 연구는 자기 스스로 행동을 변화시킴으로써 행복해진다는 접근법으로 '자기계발'에 가깝다. 때문에 외부 환경이 행복에 미치는 영향은 무시된다.

두 번째는, 문학적 또는 정신적 행복론이다. 이 연구는 일견 과학적으로 들릴 수 있지만 실제로는 명확한 근거가 없고, 적용 가능성도 높지 않은 게 대부분이다. '옛날에는 좋았어'라는 식의 연구방법이다.

최근 일본에서 유행한 '행복왕국 부탄' 이야기도 따지고 보면 이 부류에 속한다. 즉 확실한 데이터로 검증된 것이 아니라 추상적인 이미지로 만들어진 게 대부분이다.

물론 이 같은 행복론이 완전히 틀렸다고 얘기하는 것은 아니다. 여기에 맞는 사람도 있을 것이다. 예를 들면 옛날 생활방식을 추구하는 '슬로 라이프' 운동 같은 것이다. 슬로 라이프를 실천함으로써 행복해지는 사람도 적지 않다.

하지만 호기심이 많고 자극적인 걸 좋아하며 인생을 즐기려는 사람은 어떻게 해야 할까. 정신적 행복론이 일부 사람들에게 적용되는 거라면 상관없지만 행복한 사회 구조를 주창하는 이론으로는 어쩐지 불

충분하다는 생각이 든다.

세 번째는, 환경이나 문화에 따라 인간의 행복이 어떻게 다른지 분석하는 것이다. 이것이 이 책의 핵심이다.

책에서는 크게 나눠 행복지수가 높은 북서유럽형과 라틴아메리카형, 행복지수가 낮은 구공산권과 아시아형, 빈곤하고 행복지수도 낮은 아프리카형에 초점을 맞췄다. 물론 모든 것을 환경이나 문화의 차이로 돌리는 것 또한 행복감의 차이를 설명하진 못한다. 때문에 뇌과학이나 심리학적 분석이 보완되어야 한다.

집단주의와 행복지수

아시아, 특히 동아시아 국가들과 구공산권 국가들은 공통점이 몇 가지 있다.

세계에서 자살률이 높은 10개국에는 대부분 아시아와 구공산권 국가가 포함된다. 특히 상위 30개국 중에는 아시아와 구공산권 국가가 20개국이나 포함돼 있다.

또 세계에서 출산율이 가장 낮은 나라도 아시아와 구공산권 국가들이 대부분을 차지하고 있다. 뿐만 아니라 비슷한 경제 규모의 국가들과 비교해 행복지수가 매우 낮은 것도 특징이다. 적어도 자살률이 높고 출산율이 낮은 나라 중 행복지수가 높은 나라는 존재하지 않는다.

또 하나 아시아와 구공산권 국가들의 공통점은 집단주의 성향이 강하다는 점이다. 그렇다면 집단주의 성향이 강한 사회에서는 인간이 행복해질 수 없는 것일까.

원래 행복이란 개개인의 주관적 판단으로 결정된다. 다른 사람이 '너는 행복한 사람이야'라고 얘기해도 정작 본인이 행복을 느끼지 못하면 그건 행복한 게 아니다. 결국 100명이 있으면 100개의 다른 행복이 있는 것이다.

집단주의 사회에서는 개인이 하고 싶은 것보다 집단의 행위가 우선시된다. 모든 사람이 조금씩 참아야 전체에 이익이 되고, 결국 그 이익이 개인에게 돌아온다는 생각이다. 여기서 문제가 되는 것은 '개인은 언제까지 참아야 되는가'이다. 집단주의 방식으로 살아가는 한 개인은 영원히 집단의 부속품일 수밖에 없다. 때문에 집단주의가 지배하는 사회 속에서 '개인의 행복'은 일정 수준 이상을 넘어서지 못한다.

특히 집단주의 성향이 강한 사회에 사는 사람들은 '자기가 좋아하는 것만 마음대로 해버리면 사회는 엉망이 된다. 그래서 개인이 좋아하는 것을 하는 건 사회악'이라고 생각하는 경향이 있다. 이런 생각은 집단주의를 유지하기 위해 만들어진 환상이다. 이 책에서는 그 메커니즘을 설명하고 집단주의에서 벗어나기 위한 새로운 가치관의 구축을 제안한다.

물론 집단주의에도 장점은 있다. 집단성이 존재하지 않았다면 인류는 사회라는 시스템을 만들어내지 못했을 것이다. 그래서 근대 국가의 가장 큰 과제는 어떻게 하면 개인의 자유와 집단의 이익을 양립 가능한 것으로 만드느냐는 것이다.

나는 이 책에서 개인의 요구와 사회의 이익을 아우르는 '사회개인주의'를 제안했다. 이는 동서양을 막론하고 인간이 추구해야 할 필연적 목표라고 생각한다.

개인이 행복감을 느끼지 못하는 사회는 의미가 없다. 행복 추구는 인간이 자아를 갖고 인생의 의미를 찾기 시작할 때부터 시작된다. 그래서 행복 추구는 인생에서 결코 버릴 수 없는 가치다.

행복하게 사는 것보다 더 중요한 것은 없다. 때문에 행복한 사회를 만들어가는 것 또한 매우 중요하다. 행복지수가 높은 사회에서는 '개인의 행복 추구가 그 무엇보다 중요하다'는 사회적 합의가 조성돼 있다. 이 책을 통해 내가 제안한 것들이 향후 행복한 사회를 만드는 데 도움이 되었으면 하는 바람이다.

　이 책은 원래 부자 나라에 살면서 행복하지 못한 일본인들의 이야기로 쓰여졌다. 당초 이 책을 일본에서 출판한 것은 일본인의 낮은 행복지수를 설명하고, 어떻게 하면 좀 더 행복한 사회를 만들 수 있을지 제안하기 위해서였다. 그런데 유감스럽게도 행복에 관한 다양한 데이터에서 한국과 일본이 비슷한 처지를 보이고 있다는 걸 알게 됐다.
　세계는 한국의 급속한 경제발전에 찬사를 보내고 있다. 과거 일본도 비슷한 경험을 한 적이 있다. 그런데 아이러니하게도 두 나라는 불행한 사회의 상징인 '자살률'이 매우 높다. 특히 한국의 자살률은 세계에서 가장 높은 상황이다. 또 남녀평등 정도가 형편 없고, 급속히 진행되고 있는 저출산, 고령화에 골머리를 앓고 있다. 무엇보다 두 나라 국민은 '행복하지 않다'는 게 가장 큰 문제다.
　역사적으로 한국과 일본은 서로 많은 것을 주고받았다. 지리적으로 인접한 탓에 유교와 불교를 바탕으로 한 윤리의식을 갖고 있다. 두 나라를 알면 알수록 비슷한 사회 구조에 놀라게 된다. 그래서 '불행한 일본인 이야기'는 한국의 이야기이기도 하다.
　이번에 한국어판 출간이 가능했던 것은 한국의 저널리스트이자 번역자인 신창훈 기자를 만난 덕분이다. 신 기자는 나를 처음 만난 자리에서 내가 책에서 지적한 일본 사회의 문제가 곧 한국 사회의 문제라고 공감을 표시하며 내 책의 내용을 꼼꼼히 분석해주었다. 신 기자는 특히 한국어판 출판이 결정되기도 전에 이미 책 전문을 번역하고 있었다. 나는 신 기자의 그 열정에 크게 감동했다.

무엇보다 한국 독자들이 나의 제안에 공감할 기회를 만들어준 페이퍼로드 최용범 대표께 감사를 전하고 싶다. 한국 사회가 지금보다 더 행복해지는 데 이 책이 도움이 되었으면 하는 바람이다.

메자키 마사아키(目崎雅昭)

머리말

　내 직업은 세계적 투자은행인 메릴린치의 '금융파생상품 트레이더'였다. 뉴욕, 런던, 도쿄 등 국제금융의 최전선이 나의 무대였다. 한때 회사에서 세계 최고 수익을 올리기도 했다. 그 후 나는 냉혹한 금융의 세계를 떠났다.
　퇴사 후에는 10년 동안 전 세계 100개국 이상을 여행했다. 각국의 문화를 더 깊이 이해할 욕심에 영국 런던 대학(LSE) 대학원에서 사회인류학을 공부했다. 하지만 내 머릿속에는 떨쳐지지 않는 의문이 하나 있었다.
　'행복은 개인이 속한 국가와 사회 구조의 차이에 따라 얼마나 영향을 받는가' 하는 것이었다.
　현재 몇몇 국제기관에서는 각국의 행복지수를 조사해 발표하고 있다. 이들 기관의 조사 결과를 보면 공통된 게 있다. 한국, 일본 등 동아시아 유교문화권 국가의 행복지수가 이들 나라의 눈부신 경제발전에 비해 높지 않다는 사실이다.
　왜 그런 걸까. 조사기관의 결과물이 모두가 인정 가능한 '진실'이라면 과연 한국인과 일본인은 지금보다 행복해질 가망이 없는 걸까. 이런 의문에 대한 해답을 찾는 것이 내 역할이라 생각했다.
　일본의 '행복지수'는 조사가 시작된 1958년 이래 거의 변화가 없다.

버블경제가 정점이던 1980년대 후반, 빈부격차가 세계에서 두 번째로 작던 때에도 일본의 행복지수는 높지 않았다. 물론 당시는 지금의 연금 문제 같은 것도 없었다. 이는 경제가 발전해도 일본인의 행복지수에는 별다른 변화가 없다는 걸 시사한다.

국가와 사회는 누구를 위해 존재하는가. 인류는 무엇을 위해 사회를 만들고 문명을 발전시켜왔는가. 또 인간은 무엇을 위해 살아가고 있는 것인가.

이런 물음에 모든 사람이 공감하는 답을 얻기란 쉬운 일이 아니다. 그러나 적어도 한 가지 사실만은 잊어선 안 된다고 생각한다. 국가와 사회, 그리고 문화는 단순히 계속되기 위해 존재하는 게 아니라는 점이다. 어디까지나 그 속에서 살아가는 사회 구성원의 '행복'을 위해 존재한다. 사회 구성원이 행복을 느끼지 못하는 사회가 무슨 의미가 있단 말인가.

히말라야에 자리한 작은 불교 국가 부탄 왕국은 1972년 유명한 선언 하나를 발표했다. 경제발전이 아니라 GNH(Gross National Happiness: 국민총행복)[1]라는 '국민 행복지수'를 높이는 것이 국가의 가장 중요한 목표가 돼야 한다는 내용이다.

최근 영국, 프랑스, 일본 정부도 국민의 행복에 대해 언급하고 있다. 행복을 국가의 정책으로 삼으려는 논의는 별로 새로운 게 아니다. 중요한 것은 개인의 행복을 어떻게 높일지 그 대안을 적극적으로 제시하는 일이다.

어떻게 하면 개인은 물론 사회 전체가 행복해질 수 있을까. 이는 매우 복잡하고 어려운 문제다.

---

1   불교 국가 부탄 국왕은 국민 모두의 행복(국민총행복)을 국가적 목표로 삼았다. 최근 들어 이 개념은 다른 나라에도 영향을 미치고 있다. 영국과 프랑스 정부는 국민의 행복도를 정치 과제로 논의하고 있으며 일본에서도 정부 주도로 행복도 조사가 시작됐다.

단, 행복지수가 높은 국가에는 일관된 경향이 있다. 한국과 일본 등 동아시아 국가에는 일관되게 '개인의 행복을 가로막는 사회 구조'가 존재한다는 것 또한 부인할 수 없다. 그래서 나는 행복한 사회를 만들기 위한 구조적인 문제를 제기하고 문제 해결을 위한 대안을 제시하려고 한다.

쉬운 일은 아니지만 한국이나 일본이라고 해서 전 세계에서 가장 행복한 나라가 되지 못하리란 법은 없다.

차례

저자 한국어판 서문 _5

머리말 _15

서론 부에노스아이레스 회상 _23

1부 행복을 조사하다 _27

1장 행복지수란 무엇인가? _29

돈으로는 행복을 살 수 없다 | 1만 달러의 벽 | 행복도를 조사하는 방법 | 행복조사, 신뢰할 수 있나 | 구(舊) 동서독의 행복지수

2장 행복한 나라의 조건 _40

기후조건 | 평균수명 | 자살률 | 출산율 | 종교 | 고용 | 소득격차 | 지역주권 | 관대함

3장 동아시아, 행복을 거부하다 _62

유교와 동아시아 | 군대식 집단주의 | 상하관계의 폐해 | 경제는 발전해도 행복지수는 높아지지 않는 딜레마

4장 세계의 행복 지도 _70

부탄의 빛과 그림자 | 미국에 대한 꿈과 환상 | 종교에 마음 둘 곳을 찾는 나라 | 아프리카의 암울한 현실 | 막대한 원조의 행방

5장 두 개의 행복국가 모델 _85

자유롭게 인생을 즐기다, 라틴아메리카형 | 프로테스탄트의 영향을 덜 받은 가톨릭의 대륙 | 돈 많은 집에서 태어나 유유자적 사는 게 성공한 삶 | 같은 라틴계라도 유럽 국가들과는 달라 | 자유로운 개인들이 만드는 행복국가, 북서유럽형 | 일본과 북서유럽의 결정적 차이

우리는 왜 행복하지 못할까 _101

6장 내 의지대로 살지 못한다 _103

자유를 실감할 수 없는 나라 | 무기력을 학습하다 | 인생을 즐기지 못하는 국민

7장 집단주의에 파묻힌 개인 _110

창의성은 필요 없나 | 미디어에 좌지우지되는 사회 | 미디어의 보도를 비판 없이 수용하는 자세 | 연대책임의 폐해

8장 '예스맨'을 선호하는 몰개성 사회 _121

개성이란 | 좋고 싫음을 구분하는 것이 개성이다

9장 반대 의견을 두려워하는 문화 _126

표면적인 조화가 진정한 조화일까 | 토론은 싸움이 아니다

10장 스스로 찾지 않으면 행복은 없다 _130

스스로 하기에 의미가 있다 | 자유로부터의 도피 | 자동인형으로 살 것인가

3부 행복의 메커니즘 _137

11장 뇌과학으로 본 행복 _139
행복을 느끼는 메커니즘 | 행복한 뇌와 불행한 뇌 | "행복의 반대는 불행이 아니라 따분함이다"

12장 심리학으로 본 행복 _145
쾌락의 쳇바퀴 | 안일한 쾌락과 '몰입(flow)' 만족감 | 좋고 싫음을 확실히 구분하라

13장 타고난 행복과 불행 _152
유전인가 환경인가 | 외향성과 내향성 | 결혼하면 행복한가

14장 남의 떡이 더 커 보인다 _158
위치재산과 비위치재산 | 비교할 수 없는 가치에서 비롯되는 행복

15장 행복의 진화론 _161
인간의 DNA에 새겨진 부정적인 감정 | 편안하게 행복해지는 길은 없다

4부 행복을 가로막는 문화 _165

16장 문화와 전통이라는 이름의 환상 _167
문화는 보편적인 것이다 | 개인의 자유와 인권을 경시하는 문화는 버려야 | 영어가 안 되는 진짜 이유

17장 자기주장을 배척하는 '이심전심'의 문화 _174
'이심전심'의 딜레마 | 자기를 표현할 줄 모르는 '무기질 인간'들의 사회

18장 집단의 권위로 대화를 막는 사회 _178
상식에 어긋나면 무조건 이기적인가? | 개인의 의견이 곧 개인이 속한 집단의 주장이라고? | 대화를 거부하는 사회에 행복은 없다

19장 '민폐'와 집단주의 _186

남에게 폐를 끼치지 않는 것이 공공의 이익을 위하는 것인가 | 유모차를 끌고 전철을 타는 것은 민폐인가 | 공공의 이익이냐 특정 집단의 이익이냐

5부 행복한 사회를 위해 _193

20장 행복한 삶의 방식 _195

행복한 직업 | 자기 발견이라는 거짓말 | 사회적 딜레마

21장 사회개인주의 선언 _204

행복은 '상태'가 아니라 '행위' | 자발적 사회 참여, 사회개인주의

22장 행복한 사회를 위해 _209

행복한 개인이 먼저다 | 개혁해야 할 제도

후기 _217
옮긴이 후기 _221
참고문헌 _236

부에노스아이레스 회상

자정이 넘은 시각 무도회장은 점차 활기를 띠기 시작했다. 감성 멜로디에 날카로운 스타카토 음의 탱고 선율이 높은 천장을 때렸다. 상체를 밀착한 남녀 무리는 악곡의 한 파트를 연주하듯 시계 반대 방향으로 천천히 무대를 돌았다.

젊은 여성과 백발의 노인, 나이가 지긋한 여성과 꽃미남 스타일의 젊은 남성, 10대 커플과 노부부, 각양각색의 남녀가 나름의 회상을 담아 몇 분간 짧은 사랑을 나눴다.

남미 아르헨티나의 수도인 부에노스아이레스는 인생을 즐기는 자에게 연령, 성별, 시간의 제약을 두지 않았다. '밀롱가'[2]라는 탱고 살롱과 젊은이들이 모이는 클럽은 평일인데도 북적거렸다. 극장과 영화관은 가득 차고 레스토랑과 바(Bar), 도로 변 카페도 사람들로 넘쳐났다. 동이

---

2   19세기 말에 생긴 아르헨티나의 무용곡. 4분의 2박자로 빠르고 경쾌하다. 나중에 아르헨티나 탱고로 발전했다.

트기 시작한 오전 5시, 평일인데도 부에노스아이레스의 활력은 떨어질 기색이 없었다.

　남미의 파리로 불리는 부에노스아이레스는 아르누보 양식[3]의 건물이 줄지어 서 있고 구획정리가 잘된 시가지는 푸른 가로수들로 가득하다. 정말 파리가 아닌지 착각이 들 정도다. 스페인은 물론 이탈리아에서 온 이민자가 많아 생 파스타를 제조, 판매하는 가족경영의 작은 점포를 도로 여기저기에서 발견할 수 있다. 많은 레스토랑에서는 땔나무로 구운 피자를 판다. 아르헨티나인이 쓰는 스페인어는 가끔 리드미컬한 이탈리아어처럼 들린다.

　오랜 기간 세계 각국을 여행한 나는 부에노스아이레스에서 1년 정도 머물렀다. 여기서 나는 스페인어를 배우며 탱고를 익혔다.

　어느 날이었다. 평상시처럼 버스를 타고 시내로 가는 중이었다. 부에노스아이레스의 버스는 급발진과 급가속이 너무나 자연스러워 무엇이든 꽉 잡고 서 있지 않으면 차 안에서 내동댕이쳐질 수 있다. 아니나 다를까 갑자기 '끼익' 소리와 함께 급브레이크를 밟으며 버스가 정류장에 섰다.

　백발의 할머니가 승차해 천천히 내 앞으로 다가왔다. 나는 얼른 일어나 할머니에게 자리를 양보했다. 그러나 할머니는 아무런 표정도, 말도 없이 자리에 앉았다. 고맙다는 말은 물론 미소도 짓지 않았다. 자리를 양보하면 누구에게든 고맙다고 인사하는 일본에서는 상상도 할 수 없는 일이었다.

　부에노스아이레스의 대중 교통수단을 이용하면서 젊은이들이 노인

3　새로운 예술이라는 뜻의 '아르누보'는 19세기 말과 20세기 초 유럽, 미국, 남미 등에서 유행했다. 각국의 예술 중심지에서 다양하게 나타난 아르누보는 전환기의 시대적 요구와 분위기를 반영한 예술운동으로 발전했다.

에게 자리를 양보하는 것은 아주 당연한 일이다. 어디에도 '양보석' 표시는 찾을 수 없다. 당연히 양보를 하고 받아야 하는데 굳이 인사할 필요가 없었던 것이다.

브라질에 이어 남미에서 두 번째로 큰 나라인 아르헨티나는 과거에 세계에서도 손꼽히는 경제 부국이었다. 물론 100년 전 이야기다. 당시 아르헨티나의 1인당 국민소득은 일본의 약 2배였다. 그러나 현재는 일본의 절반에도 미치지 못한다.

제2차 세계대전 이후 산업구조의 급격한 변화라는 세계경제 속에서도 아르헨티나에서는 1980년대 전반까지 군부 쿠데타에 이은 권력투쟁이 계속됐다. 또 정책의 실패로 경제는 쇠락의 길을 걸었다. 2001년에는 정부가 파산해 그다음 해 실업률은 25%까지 치솟았다. 많은 국민은 직업을 구하러 스페인과 이탈리아로 떠났다.

최근에는 실업률이 9% 아래로 떨어졌지만 인접국 브라질과 같이 신흥경제대국의 기세 같은 건 찾아볼 수 없다. 아르헨티나는 발전도상국이 아니라 과거 번영의 그림자만 남긴 '쇠퇴도상국'이었다.

아르헨티나는 여느 라틴아메리카 국가 못지않게 빈부격차가 매우 크다. 브라질과 베네수엘라만큼 흉악범죄가 많이 발생하진 않지만 강도, 부패 사건 등은 일상 다반사다. 사회의 '부패도'는 세계에서 가장 높은 수준이다. 통계적으로는 그 어떤 것으로도 아르헨티나의 매력을 발견하기 어렵다.

하지만 주목할 것은 아르헨티나의 행복지수가 일본보다 더 높다는 사실이다. 이는 라틴아메리카 국가들의 공통점이기도 하다.

부(富)의 크기로만 따지면 일본의 절반 정도밖에 되지 않고, 빈부격차가 크며 정치 상황이 좋지 않고 실업률도 만성적으로 높다. 또 사회 전체적으로 부패가 만연한데, 이런 나라에 사는 사람들이 일본인보다 행복하다는 것이다.

　라틴아메리카의 '행복 수수께끼'는 앞으로 하나씩 풀어갈 것이다. 다만 한 가지 확실한 것은 내가 만난 많은 아르헨티나 사람들이 연령과 성별에 관계없이 자기 나라를 사랑하고 있다는 점이다. 또 사람들 대부분이 인생을 즐기는 방법을 알고, 즐거운 인생을 실현하는 데 주저하지 않았다. 그들이 실감하고 있는 행복에 결코 거짓은 없었다.

1부

행복을 조사하다

행복지수란 무엇인가

돈으로는 행복을 살 수 없다

'일본인은 행복할까?'

일본인이라면 누구가 한번쯤 품어보았을 의문이다. 일본은 기아와 내전에 시달리는 아프리카 국가들과 비교하면 행복한 나라임에 틀림없다. 전후 가난했던 때와 비교해도 지금의 풍요로운 일본이 행복해진 것 또한 부인할 수 없는 사실이다.

그러나 조사 결과에 따르면 1958년부터 2000년까지 일본인의 생활만족도는 거의 변화가 없다. 그사이 1인당 실질 GDP(국내총생산)[4]는 6배 이상 늘어났다. 즉 일본의 경제적 성공과 국민의 생활만족도는 전혀 관

---

[4] GDP(Gross Domestic Product, 국내총생산)는 내국인이든 외국인이든 자국 국경 내에서 이루어진 생산활동을 모두 합한 수치다. 즉 소득과 소비가 아닌 생산에 초점을 맞춘 개념이다. 선진국들은 최근 GDP가 국민의 생활수준을 평가하는 데 부적합하다며 국민의 삶의 질을 평가하는 새로운 개념의 지수개발 논의를 활발히 진행하고 있다.

계가 없다는 얘기다.

지금까지 일본의 실업률은 1%대 후반에서 5%대 초반 사이를 오르내리다가, 1990년대 초부터 급격히 상승하는 추세다. 이는 버블경제가 붕괴한 시기와 맞물린다.

그러나 여기서 주목해야 할 건 버블경제 성장기까지의 추이다. 1955년부터 '오일쇼크'가 찾아온 1973년까지 고도 경제성장기였던 일본의 실업률은 1%대였다. 그 후부터 버블붕괴 직후까지 실업률은 2% 전후로 거의 완전고용에 가까웠다.

하지만 고용이 그 정도로 안정됐어도 생활만족도에는 어떤 영향도 주지 못했다. 실업률이 급상승한 1990년대에도 생활만족도는 과거와 비슷한 수준에 머물렀음을 알 수 있다. 실업률이 올라가도 생활만족도가 변하지 않는다는 걸 보여주는 수치다.

다른 나라의 생활만족도와 행복지수는 어떤 추이를 보였을까. 미국의 평균소득은 1947년부터 2006년까지 약 7배 증가했다. 하지만 행복지수는 일본과 마찬가지로 거의 변함이 없었다.

유럽의 생활만족도는 1973년 조사 이래 이탈리아, 스웨덴, 스페인, 프랑스가 상승했지만 아일랜드, 영국, 네덜란드, 그리스, 독일은 상승도 하락도 하지 않았다. 벨기에와 포르투갈의 생활만족도는 되레 하락했다. EU(유럽연합) 전체 평균치로 보면 약간 상승했지만 각 나라마다 차이가 있다. 반면 1973년부터 유럽의 소득은 약 2.5배 증가했다.

여기서도 소득의 상승과 생활만족도 또는 행복지수와는 직접적인 상관관계가 없다는 걸 알 수 있다. '돈으로는 행복을 살 수 없다'는 건 세계 어디서나 마찬가지라는 얘기다.

수입과 행복과의 상관관계

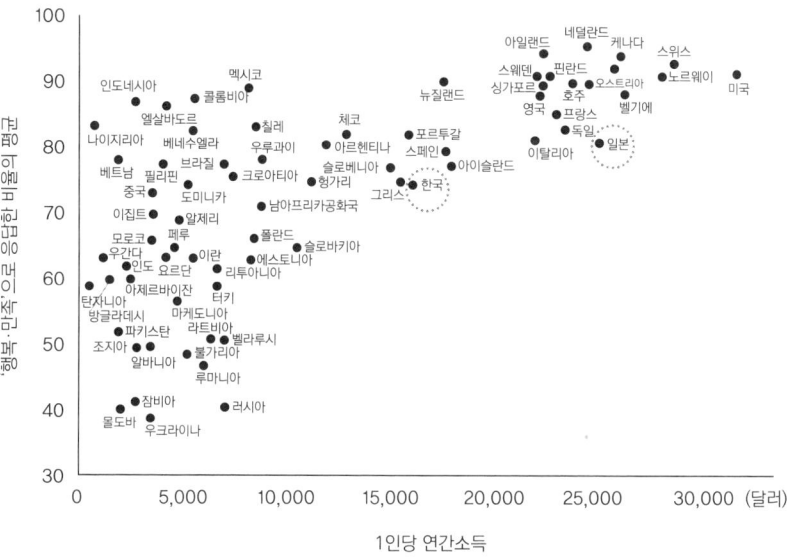

출처: Richard Layard 「Happiness」(2005)

1만 달러의 벽

다음은 각 국가별 1인당 실질 GDP와 행복지수의 상관관계를 표시한 그래프다. 폴란드 출신 유대인 사회학자 지그문트 바우만(Zygmunt Bauman)[5]은 "경제가 일정 수준을 넘어서면 GDP와 행복도 간 상관관계를 찾을 수 없다"고 주장했다.

그래프를 보면 연간 1인당 실질소득이 1만 달러 근처까지는 소득이 올라가면 행복지수도 상승하는 정비례 관계를 나타낸다. 하지만 1만 달

---

5 '유동하는 근대'라는 개념으로 현대인의 불안과 공포를 다뤄온 석학이다. 64세 때인 1989년에 발표한 『근대성과 홀로코스트 Modernity and the Holocaust』라는 책을 펴낸 뒤 세계적인 명성을 얻었다.

러 수준을 넘어서면 이들 둘 사이의 상관관계를 찾기 어려워진다. 각국의 과거 데이터와 비교해봐도 같은 경향을 보인다.

일본의 1인당 실질소득이 1만 달러를 넘어선 것은 1970년대 이후다. 5천 달러 정도였던 1958년이 현재의 중국과 비슷한 수준이다. 즉 일본은 1만 달러 수준에 도달하기도 전에 이미 행복지수에 더 이상 진전이 없었다는 얘기다.

도대체 일본의 행복지수가 상승하지 않는 이유는 뭘까. 지금부터 다양한 각도에서 '행복'을 검토해보고자 한다.[6]

행복도를 조사하는 방법

행복지수 조사에는 크게 두 가지 방법이 있다. 하나는 각종 지표를 기본으로 종합적인 행복도를 판단하는 방법이다. 대표적인 것이 유엔개발계획(UNDP)이 작성하는 '인간개발지수(HDI: Human Development Index)'다.

이 지수는 한 국가의 평균수명, 1인당 GDP, 성인 문자해독률, 취학률을 기본 데이터로 하고 있다. 인간개발지수에서 일본은 평균수명, 문자해독률, 취학률이 세계 최고여서 현재(2013년 기준) 186개국 중 10위다. 한국 역시 12위로 매우 높은 수준이다. 그러나 이 지수에는 '행복하다고 느끼고 있는가'라는 인간의 감정이 전혀 고려돼 있지 않다. 그래서 이를 행복의 '외면 조사'라고 부른다.

---

6 '생활만족도'와 '행복도'의 의미는 약간 다르다. 다만 이들 둘은 매우 밀접한 상관관계를 나타낸다. 생활만족도란 '수입, 저축, 주거 등의 경제적 풍요로움과 환경의 평가'라고 하고, '행복도'는 생활만족도에 '심리적 요소'를 더한 것으로 정의하기도 한다. 하지만 그렇게 하면 경제적으로 풍요로워져도 생활만족도가 변하지 않는 사실을 설명할 수 없게 된다. 이 책에서는 생활만족도와 행복도를 기본적으로 같은 개념으로 취급하기로 한다. 또 '행복도'를 '행복지수'로 바꿔 번역했다.

또 한 가지 방법은 단순하게 '어느 정도 행복합니까?' 또는 '생활에 어느 정도 만족하고 있습니까?'라고 직접 본인에게 묻는 것이다. 이를 '주관적 행복감(SWB: Subjective Well-Being)'이라고 한다. 행복의 '내면 조사'라 할 수 있다. 몇 개 기관에서 실시한 행복도 조사를 외면과 내면 조사로 분류해봤다.

| 외면 조사 항목 |

● **'생활의 질' 지수** : 영국의 유력 주간지인 《이코노미스트》가 조사한 '생활의 질지수(QLI: Quality of Life Index)'다. 평균수명, 이혼율, 지역생활, 1인당 GDP, 정치적 안정도, 기후, 실업률, 정치적 자유도, 남녀의 수입격차 등 9개 항목을 평가해 수치화한 것이다. 유엔의 '인간개발지수'에 비해 일본의 순위가 다소 낮은 것은 남녀 수입격차가 크기 때문이다. 그러나 일본의 평균수명은 세계 1위, 정치적 안정도와 실업률도 세계 최고 수준으로 종합 17위다. 한국은 종합 30위다(2005년 기준).

● **레거텀 번영지수** : 영국 레거텀연구소가 매긴 행복지수 순위다. 경제, 통치, 교육, 건강, 안전, 개인의 자유, 사회자본, 창업과 기회균등 등을 기준으로 매긴 것이다. 2012년 기준 종합 1위는 노르웨이, 2위 덴마크, 3위 핀란드 등 북유럽 국가가 상위 순위를 점하고 있다. 일본은 종합 22위, 한국은 27위다.

● **'국민의 풍요로움' 종합지수** : 일본의 사회경제생산성본부가 발표하는 OECD(경제협력개발기구) 30개국의 '풍요로움 종합지표'다. 6개의 지표(건강, 환경, 노동경제, 교육, 문명, 매크로경제)를 카테고리로 '풍요로움 종합지수'

의 편차를 산출한 수치다. 2008년 기준 일본은 30개국 중 종합 7위였다. 세부지표를 보면 건강지표(5위), 환경지수(4위), 노동경제지표(9위), 교육지표(11위), 문명지표(10위), 매크로경제지표(23위)다. 종합 1위는 룩셈부르크, 2위 노르웨이, 3위 스웨덴이고, 하위 순위로는 폴란드 28위, 멕시코 29위, 터키 30위 등이다.

| 내면 조사 항목 |

● 월드 밸류 서베이(WVS) : 미국 미시간 대학 정치학과 로널드 잉글하트(Ronald Inglehart) 교수가 주도하는 국제연구소로 조사 대상 97개국의 '주관적 행복도'를 발표한다.

두 개의 질문, 즉 '어느 정도 행복합니까?' '모든 것을 고려한 상태에서 현재 어느 정도 생활에 만족합니까?'를 묻는다. 1981년부터 세계 인구의 88%를 포함하는 6대륙 97개국, 25만 명을 대상으로 측정했다. 일본은 97개국 중 43위. 상위 순위를 차지한 나라는 덴마크(1위), 푸에르토리코(2위), 콜롬비아(3위), 아이슬란드(4위), 아일랜드(5위) 등이다.

● 월드 데이터 베이스 오브 해피니스(WDH) : 네덜란드 에라스무스 대학 루트 비엔호벤 교수가 만든 기관으로 오랜 기간 주관적 행복지수를 조사했다. 1946년부터 데이터가 축적돼 있다. 2009년 조사에서는 세계 148개국을 대상으로 '현재 생활에 어느 정도 만족하고 있는가'라고 질문해 '매우 만족'을 10, '매우 불만족'을 0으로 점수를 매겼다. 일본은 6.2로 대만, 라오스, 요르단과 비슷한 60위. 1위는 8.5점을 얻은 코스타리카, 2위 덴마크, 3위 아이슬란드, 4위와 5위는 스위스, 캐나다이다.

● '행복한 지구' 지수(HPI: Happy Planet Index) : 영국에 근거를 둔 독립 싱크 탱크 신경제재단(NEF: New Economics Foundation)이 2006년부터 발표했다. 생활만족도에 평균수명을 곱해 EFP(Ecological Foot Print, 생태발자국)로 나눈 값이다. '생태발자국 지수'로 해석되는 EFP는 의식주와 에너지를 생산하기 위해 필요한 토지, 쓰레기 처리를 위해 사용된 토지 등의 면적을 나타내며 단위는 gha(글로벌 헥타르)다. 이 지수의 문제점은 EFP가 지수를 너무 크게 좌우한다는 것이다. HPI에 채택된 생활만족도는 레스터 대학 조사에 따른 것이다.

레스터 대학이 조사하는 생활만족도에서 상위를 차지한 국가는 부탄, 코스타리카, 안티구아바부다를 제외하면 모두 HPI에서 중하위 수준으로 떨어진다. HPI에서 상위에 랭크된 나라에 선진국은 하나도 없다. 그 정도로 환경이 크게 좌우된다면 '주관적 행복지수'를 측정하는 기준으로서 조금 무리가 있어 보인다. HPI는 '지구와 국민에 친숙한 나라의 랭킹'으로 정의할 수 있다.

일본은 부(富), 건강, 교육, 범죄율 등 외견상으로는 세계 최고 수준의 선진국이다. 그러나 내면을 들여다보면 국민 한 사람 한 사람이 별로 만족감을 느끼지 못하는 나라다. 대부분 생활만족도 조사에서 주요 선진국 중 최하위에 속한다. 행복지수에서 일본과 비슷한 수준을 보이는 나라는 아프리카의 가나, 가봉, 중동의 이집트 등 대부분이 '발전도상국'이다. 메이지 유신 이래 서구 나라들을 목표로 지금까지 달려온 일본의 실상을 보니 결국 좋아진 것은 외견뿐, 내면은 아직도 서구 나라들을 따라잡지 못했다는 얘기다.

물론 '본인에게 직접 묻는 주관적 조사로 정말 개인의 행복을 측정할 수 있는가'라는 의문을 가질 수 있다. 문화가 다른데, 서양과 일본의 행복 정도를 비교하는 것은 의미가 없다는 주장도 있을 수 있다. 이제부터 행복지수를 조사하는 의미와 지수의 신뢰성에 대해 생각해보자.

행복 조사, 신뢰할 수 있나

일본인은 실제 행복을 느낀다 해도 '겸양의 미덕' 때문에 좀 덜 솔직하게 대답할 수 있다. 때문에 '현재 생활에 만족하고 있나' 또는 '지금 행복한가'라는 질문으로 통계를 내는 것이 무슨 의미가 있는지 의문을 갖는 사람이 많다. 실제 가능한지는 별도의 문제로 두자.

이론적으로 생각할 수 있는 '내면의 행복' 조사 방법은 크게 세 가지로 나뉜다.

● **뇌과학적 접근법** : 뇌파를 측정해 객관적인 행복감을 조사하는 방법이다. 지각과 감각의 복잡한 처리구조를 뇌파라는 단순한 기준으로 표현하는 것은 현 단계에서는 무리라는 의견이 많다. 당분간 뇌파를 통한 행복지표의 개발을 기대하긴 어려울 것이다. 그러나 향후 연구가 활발히 진행되면 뇌파를 통한 행복도 측정이 가능할 수도 있다.

● **지인을 통한 관찰법** : 행복한 사람은 활발히 행동하고 외향적이며 항상 웃는 얼굴이다. 그러나 불행한 사람 중에도 활발한 사람이 많고 그들 또한 얼마든지 얼굴에 웃음을 머금을 수 있다. 따라서 타인의 행동이나 표정을 관찰해 행복지표를 만드는 것 역시 매우 어려운 일이다.

단 가족이나 친구 등 평소에 접촉 기회가 많은 사람이 관찰할 경우 신빙성은 높아진다. 그러나 본인과의 관계에 따라 판정 기준에 차이가 생길 가능성을 부인할 수 없다. 역시 제3자의 관찰만으로 행복감을 판단하는 건 충분치 않다.

●**면접조사** : '현재 생활에 어느 정도 만족하고 있습니까?'라고 직접 질문하는 방법이다. 응답의 신빙성을 검증하기 위해 동일 인물에게 같은 질문을 며칠에 걸쳐 반복한다. 평소에는 불평불만이 많은 사람인데 질문을 받은 날 기분이 좋았을 수도 있기 때문이다.

응답에 어느 정도 일관성이 있는지를 통해 자기평가의 신뢰도를 측정할 수 있다. 다양한 조사 결과를 보면 거의 대부분이 일관성 있는 대답을 하고 있다는 걸 알 수 있다.

자신을 포장하기 위해 거짓말을 하거나 과장할 수도 있지만 대부분의 응답자들은 솔직히 대답하는 경향을 보인다. 자신이 말한 것과 타인이 평가한 만족도를 비교 검증해본 결과 자기 자신의 만족도와 타인에게 평가된 만족도가 거의 같았다.

서비스업계는 고객 만족도 조사를 중시한다. 최근에는 레스토랑이나 서적 평가에서도 만족도 조사는 일반적이다. 만약 각 개인의 만족도 기준이 각각 다르다면 집계한 만족도의 신빙성 역시 떨어질 것이다. 그러나 실제로는 전체 만족도의 평균과 개인의 평가는 별로 차이가 나지 않는다.

구(舊) 동서독의 행복지수

조금 다른 관점에서 행복지수를 생각해보자. 지구상에는 독일과 한국처럼 같은 민족이 다른 사회체제로 나뉘어 살아온 나라가 있다. 이런 나라의 행복감이 비교 가능하다면 사회체제와 문화가 국민 행복에 미치는 영향을 알 수 있다.

제2차 세계대전 후 동과 서로 나뉜 독일은 1989년 베를린 장벽이 무

구 동서독의 행복지수 추이

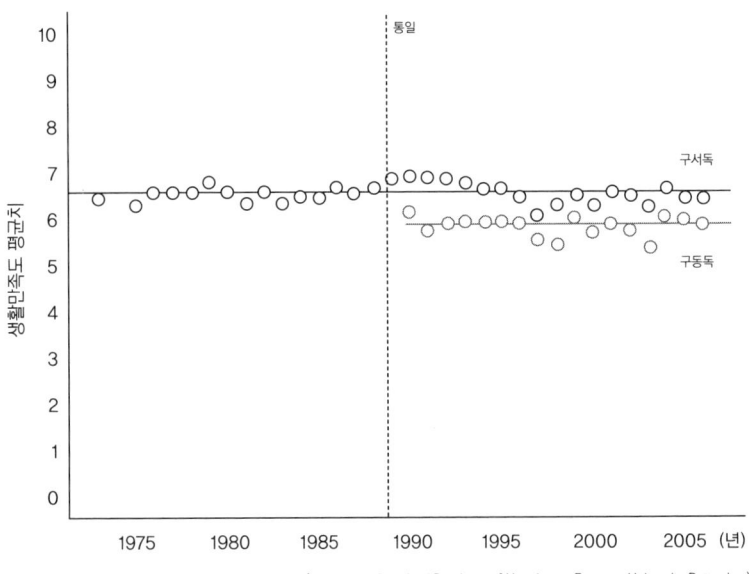

(Veenhoven R., World Database of Happiness, Erasmus University Rotterdam)

너지기 전까지 44년간 사회체제가 다른 두 나라(서독과 동독)로 존재했다. 같은 민족이 자본주의와 사회주의라는 두 개의 정치체제 속에서 반세기 가까이 생활한 것이다. 지금 와서 돌이켜보면 거대한 사회체제 실험과 같은 것이었다.

  흥미로운 점은 두 나라의 행복지수 역시 크게 다르다는 것이다. 1990년 이전 동독의 행복 데이터는 존재하지 않는다. 그러나 독일 통일 이후 구동독 쪽 사람들의 행복지수는 서독인들보다 일관되게 낮다. 양쪽의 경제적 격차는 독일 통일 이후 서서히 줄어들었지만 행복지수 격차에는 변화가 없다.

  또 하나의 예로 스위스를 들 수 있다. 26개주로 구성된 스위스연방은 지방자치가 발전한 주일수록 주민의 행복지수가 높다. 같은 문화권이라 해도 사회체제의 차이가 사람들의 행복에 큰 영향을 준다는 걸 알 수 있다.

그렇다면 문화의 차이로서 이른바 '겸양의 미덕' 역시 행복지수에 영향을 미치지 않을까 생각할 수 있다.

겸손이 미덕인 일본에서는 남에게 대놓고 '나는 행복하다'고 말하지 않는다. 그래서 일본인은 자신의 행복을 과소 평가하는 게 아닐까 하는 의문이 생긴다. 하지만 자신의 행복을 남에게 자랑하는 것과 스스로 행복을 자각하는 것은 다른 일이다. 아무리 겸손이 미덕이라 해도 '생활에 만족하는가'라는 단순한 질문에 굳이 실제보다 낮게 자신의 만족도를 말할 필요가 있는가.

설령 '일본인은 일부러 자신의 행복을 줄여 말한다'는 것이 증명됐다고 치자. 그러면 일본에는 '아무리 행복해도 행복을 인식하거나 밖으로 드러내선 안 된다' '행복해지는 것은 좋지 않은 일이다'라는 식의 사회 풍조가 만연해 있는 것이다.

만약 개인의 만족상태나 행복에 대한 표현을 자제하는 풍조가 사회 안에 존재한다면 이는 행복 조사의 신빙성보다 더 근본적인 문제다. 원래는 행복한데 본인이 행복하다는 걸 표현하는 게 허락되지 않는 사회, 그런 사회에서의 삶이 과연 행복하다고 할 수 있는지 의문이 들기 때문이다.

현재 일본에는 이슬람 국가들과 같이 절대 권위를 행사하는 인물이나 권력기관이 존재하지 않는다. 하지만 일본에는 '상식'이나 '다른 사람의 이목'과 같은 보이지 않는 권위에 의해 사람들의 행동이 구속 받는 일이 많다.

자신의 행복을 남에게 드러내지 않는 게 진실이든 아니든 일본인의 행복지수가 낮다는 사실에는 변함이 없다. 이는 주관적 행복 조사가 한 국가의 행복지수를 측정하는 데 아주 유효한 수단임을 반증하는 것이기도 하다.

2장
행복한 나라의 조건

"미국의 GNP[7]는 8천억 달러가 넘지만, 그 안에는 대기오염, 담배 광고, 막대한 수의 고속도로 사상자를 나르는 구급대원이 포함돼 있다. 범죄로부터 가족을 지키는 특별한 열쇠도, 그것을 부수고 침입하는 자를 가두는 형무소도 들어 있다. 삼림 벌목, 무질서한 도시화로 없어지는 아름다운 자연도 들어 있다. 또 살인마가 사용한 권총과 칼, 아이에게 장난감을 팔기 위해 폭력을 미화하는 TV 프로그램도 포함돼 있다. 그러나 GNP에는 아이들의 건강, 교육의 질, 아이들이 뛰어노는 즐거움은 포함돼 있지 않다. 시의 아름다움도, 결혼을 통한 유대, 국민의 토론 지식도, 장인정신도 포함돼 있지 않다. 기지도 용기도 은혜도 학습도 포함되지 않고 사회적 배려와 국가에 대한 공헌 행위도 들어 있지 않다.

---

7 GNP(gross national product): 한 나라의 거주자가 일정 기간 동안에 생산한 모든 재화와 용역을 시장가격으로 평가한 것으로 생산 과정에서 마손된 고정자산의 소모분(고정자본소모충당금)을 포함한 개념이며 시장가격으로 평가되었다는 점에서 '시장가격에 의한 국민총생산'이라고 한다.

요약하면 GNP에는 우리들의 인생을 의미 있게 만드는 것을 제외한 모든 것이 담겨 있다. GNP는 우리들이 미국인으로서 자랑스러워해야 할 이유를 뺀 모든 것이다." (전 미국 법무장관 로버트 케네디 연설 중에서)

한 나라의 기후조건은 행복에 어떤 영향을 줄까. 그 나라 국민이 신봉하는 종교, 평균수명, 자살률, 출산율, 소득격차, 고용 등은 행복지수와 어떤 관련이 있을까. 지금부터 하나씩 따져보자.

기후조건

지구 남반구에 사는 사람들은 북반구 사람들보다 행복할까?

남쪽 섬나라로 일조량이 많은 피지, 타히티, 바하마 등의 행복지수는 세계에서 중상위권으로 일본보다 약간 높은 수준이다.

적도 부근에는 남미의 에콰도르, 인도네시아, 싱가포르, 그리고 아프리카의 많은 나라가 있다. 에콰도르의 행복지수는 다른 라틴아메리카 국가들에 비해 낮은 편이고, 인도네시아와 싱가포르의 행복지수도 높지 않다. 아프리카 국가들의 행복지수는 세계에서 가장 낮은 수준이다.

행복지수 순위 상위를 차지하고 있는 나라는 일조량이 적은 북반구 국가들이다. 북유럽에서는 겨울에 '극야', 즉 일조시간이 제로인 날이 찾아온다. 여름에는 '백야'로 하루 종일 태양이 지지 않는다. 여름은 낮이건 밤이건 사람들로 넘쳐나지만, 겨울이 되면 사람들의 표정이 어두워져 외출도 삼간다. 그럼에도 이들 나라의 행복지수는 세계 최고 수준이다. 아메리카 대륙 북단에 있는 캐나다의 행복지수 역시 매우 높다.

물론 북쪽 나라들의 행복지수가 반드시 높은 건 아니다. 러시아의 행복지수는 매우 낮고, 북유럽 근처 '발트 3국'의 행복지수도 상당히 낮은 편이다.

결국 일조량과 행복지수 사이에는 상관관계가 보이지 않는다. 인류는 아무리 견디기 힘든 기후조건에도 적응하고 생존해왔다. 기후보다는 어떤 사회체제인가가 행복지수에 더 큰 영향을 미친다는 뜻이다.

평균수명

장수국은 행복도가 높을까?

경제가 발전하면 평균수명이 길어진다. 이는 일반적인 경향이다. 때문에 평균수명(남녀 합계)이 긴 나라는 대부분 선진국이다. 물론 예외도 있다. 1인당 GDP가 약 5천 달러에 불과한 요르단의 평균수명은 78.5세로 세계 28위다. 또 카타르, 바레인, 오만 등도 예다. 특히 카타르는 세계 최고 부자 나라지만 평균수명은 74.1세(67위)로 비교적 낮은 편이고, 바레인은 74.6세(63위), 오만은 73.6세(70위)에 머물러 있다. 선진국 대부분이 80세 전후이니까 이들 나라의 평균수명은 비교적 짧은 편이라 할 수 있다.

세계 최하위는 스와질란드(31.9세), 앙골라(37.6세), 잠비아(38.4세) 등 아프리카 국가들이 차지하고 있다. 세계 최빈국들은 평균수명도 짧다.

그렇다면 행복지수와 평균수명은 어떤 관계를 보일까. 최빈국에서는 어느 정도 상관관계가 보이지만 그 밖의 나라들에서는 의미 있는 상관관계를 찾을 수 없다. 장수국이면서 행복지수가 높은 나라도 있는 반면, 낮은 나라도 존재하기 때문이다.

세계 최빈국 아프리카 국가들은 평균수명과 행복지수가 매우 낮다. 일본은 세계 최장수국이지만 행복지수는 높지 않다.

자살률

자살 또는 자살미수자들은 불행한 인생을 살아왔을 가능성이 크다.

자살자나 자살미수자 대부분이 우울증에 시달린다는 설도 있다. 자살률과 행복지수는 어떤 상관관계를 보일까.

결론부터 말하면 정비례 관계를 보이는 지역과 그렇지 않은 지역이 있어 딱 잘라 말하기 어렵다는 것이다.

세계에서 자살률이 가장 높은 나라는 벨라루스, 리투아니아, 러시아 등 예전 동구 공산권 국가들이다. 인구 10만 명 중 30~40명이 자살한다. 다른 나라와 비교하면 매우 높은 수준이다. 10만 명당 15명 이상인 나라는 세계에서 26개국이지만 구공산권 국가가 절반을 차지한다. 나머지는 일본, 가이아나, 한국, 벨기에, 핀란드, 프랑스 등이다.

자살률이 높은 나라는 거의 대부분 구공산권과 아시아 국가들이다. 공통점을 들면 권위주의와 집단주의 성향이 강한 국가들이라는 것이다. 대체로 개인의 자유가 경시되는 사회라는 뜻이다.

공산주의 정치체제는 집단주의의 극단적 형태다. 현재는 공산권 국가들이 거의 대부분 민주화되었지만 권위주의적 사회 분위기는 여전히 남아 있다. 내가 동유럽을 방문했을 때도 가는 곳마다 권위주의적 분위기를 피부로 느낄 수 있었다.

일본과 한국에서는 유교사상에 기반한 사회질서와 암묵적 규율이 강조되면서 개인의 행동을 제약한다. 아직도 사회 분위기는 매우 권위적이며 '개인의 자유도' 역시 낮은 편이다.

개인의 자유가 제약을 받거나 암묵적으로 억눌려 있다고 해서 반드시 자살률이 높은 건 아니다. 종교의 집단적 권위가 강한 이슬람 국가에서는 통계상으로는 자살이 존재하지 않는다. 이슬람교와 기독교에서는 원칙적으로 자살을 금기시한다. 자살자는 지옥에 떨어진다고 배울 뿐 아니라 자살이 범죄인 나라도 있다.

이란과 시리아의 자살자는 인구 100만 명에 1~2명 정도밖에 되지 않

인구 10만 명당 자살자 수

순위	나라	남성	여성	전체	연도
1	리투아니아	58.5	8.8	31.5	2009
2	한국	41.4	21.0	31.2	2010
3	카자흐스탄	46.2	9.0	31.2	2007
4	벨라루시	-(집계 불가)	-	25.3	2010
5	일본	33.5	14.6	23.8	2011
6	러시아	-	-	23.5	2010
7	가이아나	33.8	11.6	23.9	2005
8	우크라이나	40.9	7.0	22.6	2005
9	스리랑카	-	-	21.6	1998
10	헝가리	37.1	8.6	21.5	2008
11	라트비아	34.1	7.7	19.9	2007
12	슬로베니아	32.1	7.9	19.8	2008
13	세르비아·몬테네그로	28.4	11.1	19.5	2006
14	핀란드	28.9	9.0	18.8	2008
15	벨기에	27.2	9.5	18.2	1999

는다. 또 이집트와 요르단처럼 통계상으로 자살자가 한 명도 없는 이슬람 국가도 있다.

　기독교 가운데서도 계율이 좀 더 엄격한 가톨릭 신자들이 많은 국가에서는 프로테스탄트(개신교) 신자가 많은 국가보다 자살률이 낮다. 독실한 가톨릭교도가 많은 라틴아메리카의 아이티공화국, 온두라스와 같이 자살자가 한 명도 없는 나라에서부터 콜롬비아, 브라질, 멕시코, 베네수엘라 등 10만 명당 5명 정도밖에 안 되는 나라도 있다. 이는 일본의

4분의 1 수준이다.

일본에서는 예전부터 자살을 미화하는 풍조가 있다. '할복으로 명예를 지킨다'는 무사 시대의 관습이 남아 있기 때문일 것이다. 제2차 세계대전 중에도 많은 병사와 민간인들이 자결했다. 물론 이들의 명분은 국가를 위한다는 것이었지만, 개인의 절망감 때문에 자살을 선택했을지 모른다. 또 가난과 자살 사이에도 깊은 관계가 있을 것이다.

최근 일본의 자살률은 10만 명당 24.4명이지만 버블경제기인 1980년대에도 10만 명당 20명 전후로 비교적 높은 수준이었다. 이는 경제상황이 자살하는 이유가 아니라는 걸 보여주는 수치다.

세계에서 가장 가난한 나라들이 모여 있는 아프리카에는 유감스럽게도 자살 데이터가 거의 없다. 자살률이 높은 나라 중 발전도상국은 눈에 띄지 않는다. 자살자가 10만 명 중 10명이 넘는 나라는 47개국이지만 그중 1인당 GDP가 1만 달러 이하인 나라는 6개국뿐이다. 어쩌면 빈곤과 자살의 상관관계는 별로 크지 않을지 모른다.

지금까지 인류가 살아남은 건 어떤 역경도 극복하겠다는 강한 의지가 있었기 때문이다. 아무리 굶주려도 '배고파서 자살하는 일'은 없다고 봐야 한다.

정리해보자. 자살률이 높은 나라는 행복도가 낮을 뿐 아니라 집단주의 성향이 강하다. 단 자살률이 낮은 나라라고 해서 반드시 행복지수가 높은 것은 아니다.

자살률이 낮고 행복지수가 낮은 나라는 계율이 엄격한 종교의 영향으로 자살이 엄격히 금지돼 있으며 개인의 자유 역시 심각하게 제한을 받는다. 물론 라틴아메리카와 같이 신앙심이 깊고 자살률도 낮지만 개인의 자유를 구가하고 행복지수 또한 매우 높은 나라도 존재한다.

이렇듯 자살률과 행복지수와의 관계는 복잡하다. 다만 한 가지 분명한 것은 자살률이 낮다고 해서 행복지수가 높은 나라인 건 아니지만, 자살률이 높은 나라 중 행복지수가 높은 나라는 없다는 것이다.

출산율

여성 한 명이 평생 동안 낳는 평균 자녀 수를 '출산율'이라고 부른다. 출산율이 2.0명 이하가 되면 기본적으로 한 나라의 인구는 감소한다.

행복지수가 높은 나라는 출산율도 높다. 그러나 출산율이 높은 나라가 반드시 행복지수가 높은 건 아니다.

출산율과 함께 행복의 단서가 되는 지표는 남녀평등이다. 세계경제포럼[8]이 발표하는 남녀평등지수[9]를 보면 한 사회의 남녀평등 정도를 알 수 있다. 출산율이 낮은 대표적인 국가로는 이탈리아(1.3), 그리스(1.36), 일본(1.37), 한국(1.2), 싱가포르(1.08) 등이다. 이들 나라는 남녀평등지수 역시 낮다. 아직도 남존여비(男尊女卑) 분위기가 강하게 남아 있어서다.

동유럽 국가들의 출산율도 1.2~1.4 정도로 낮은 편이다. 동유럽의 남녀평등지수는 한국과 일본을 포함, 아시아 국가들만큼 낮은 건 아니지만 서유럽과 비교해보면 상당히 낮은 편이다.

선진국 중 남녀평등이 잘 이루어진 나라는 출산율도 높고 개인의 행복지수 역시 높다. 반면 아직도 남존여비 경향이 강한 이탈리아와 그리스의 행복지수는 서유럽에서 가장 낮다.

---

8 세계경제포럼(WEF: World Economic Forum)은 저명한 기업인·경제학자·언론인·정치인 등이 모여 세계 경제에 대해 토론하고 연구하는 국제민간회의이다. 전 세계의 경제상황을 개선하기 위해 각국의 사업을 연결하여, 지역사회의 산업의제를 결정한다. 독립적 비영리재단 형태로 운영되며, 본부는 스위스 제네바에 있다.

9 경제참여와 기회, 교육의 격차, 건강과 생존, 정치력 등 4개 분야를 지표로 종합순위를 매긴다. 4개 분야는 경제참여와 기회(남녀의 고용, 급여, 승진의 격차), 교육의 격차(초중고와 대학 교육에서 남녀 비율과 문자해독률), 건강과 생존(남녀의 평균수명과 출생 시 남녀 비율), 정치력(정치적 결정력을 가진 높은 지위에서의 남녀 격차) 등이다.

선진국에서 출산율이 높은 나라는 출산과 육아와 관련해 여성의 노동이 우선시되는 경향을 보인다. 프랑스 등 서유럽의 많은 국가들에서는 육아로 휴직해도 아이 한 명당 최장 3년까지 직장이 보장된다. 그사이 급여는 나오지 않지만 같은 근로조건으로 복귀가 보장되는 것은 아이를 낳는 데 큰 도움이 된다.

여성을 우대하는 정책에 소극적인 나라는 필연적으로 출산율이 떨어져 인구가 감소하게 된다. 남녀평등지수에서 세계 최하위 그룹인 일본이 전형적인 나라다.

반면 출산율이 높다고 해서 반드시 행복한 것은 아니다. 특히 선진국을 제외한 나라의 상황은 다르다. 아프리카와 이슬람 국가들의 남녀평등지수는 세계 최저지만 출산율은 매우 높다. 아프리카 말리의 출산율은 7.3, 니제르는 7.2, 중동의 예멘은 6.4명이다. 즉 발전도상국과 이슬람 국가에서는 남녀평등과 출산율 사이의 상관관계를 찾을 수 없다.

라틴아메리카는 미국과 유럽 국가들에 비해 남존여비의 경향이 남아있지만 일본보다는 남녀평등지수가 높다. 일본보다 남녀평등지수가 낮은 나라는 아시아에서 한국, 인도, 네팔 정도이고, 이슬람 국가와 아프리카 나라들뿐이다.

출산율이 높은 나라의 국민이 반드시 행복한 것은 아니다. 그러나 행복지수가 높은 나라 중 출산율이 낮은 나라는 없다. 그리고 출산율이 낮은 나라 중 행복지수가 높은 나라도 없다.

한국과 일본같이 출산율이 낮아 인구가 감소하고 행복지수가 낮은 나라는 언젠가 지구상에서 자연도태될지 모른다.

종교

종교는 인간에게 평온함을 준다. 과학이 급속도로 발전했다지만 인간 세상에는 아직도 풀리지 않은 수수께끼가 많은데, 종교는 그에 대한 명확한 해답을 준다. 맞고 틀리고는 별개의 문제다.

종교와 행복지수의 관계도 딱 잘라 말하기 어렵다. 미국의 한 조사에 따르면 종교를 가진 사람의 행복지수가 그렇지 않은 사람보다 더 높다. 유럽 사람들보다 신앙심이 깊은 미국인들의 상황이 반영된 결과로 보인다.

하지만 네덜란드와 덴마크 등 북유럽을 보면 신앙심과 행복지수와의 상관관계가 그다지 밀접하지 않다. 행복지수 순위에서 항상 최상위를 차지하는 북서유럽 국가 사람들의 신앙심은 의외로 깊지 않은 편이다.

반면 독실한 가톨릭교도가 많은 라틴아메리카 국가들은 비슷한 정도의 경제수준을 가진 나라에 비해 행복지수가 상당히 높다. 전문가들은 라틴아메리카인들의 경건한 신앙심이 행복지수에 긍정적인 영향을 미친 것으로 보고 있다. 이에 반해 가톨릭교도가 많은 동유럽 폴란드의 행복지수는 낮은 편이다. 이슬람 국가들의 행복지수 역시 낮다.

이슬람 국가 중에서도 자원부국들을 보자. 세계 최대의 액화천연가스 수출국인 카타르의 1인당 GDP는 세계 최고로 미국의 2배, 일본의 약 2.5배다. 사우디아라비아는 세계 최고의 원유매장량을 자랑하고 있다. 이들 중동의 자원부국은 믿기 어려울 만큼의 사회보장제도를 갖추고 있다. 무상의료에 무상교육이 실시되는 데다 최근에는 주택도 무료로 제공하고 있다. 의식주에 관한 한 미래에 대한 걱정은 전혀 없다. 그런데 카타르의 행복지수는 별로 높지 않다. 개인의 자유를 제한하는 엄격한 이슬람 규율이 행복지수를 낮추는 원인이다.

미국에 본부를 둔 비영리민간단체 '프리덤하우스(Freedom House)'는 정치와 시민생활의 자유도를 기준으로 세계 192개국의 '자유지수'를 발표하고 있다. 이에 따르면 카타르, 쿠웨이트, 아랍에미리트, 사우디아라비아의 자유지수는 세계 최저 수준이다. '샤리아'[10]라는 이슬람의 엄격한 계율이 법률 기준이기 때문이라는 지적이다.

그렇다면 자연자원이 별로 없는 이슬람 국가들의 행복지수는 어떨까. 아프가니스탄, 방글라데시, 파키스탄, 예멘, 이집트는 모두 발전도상국이다. 행복지수는 아프리카 국가들과 비슷한 세계 최하위 그룹에 속한다. 아프리카 나라들 대부분은 기독교 또는 이슬람 국가지만 행복지수는 세계 최저다.

개인의 자유를 구속하는 사회체제에서는 행복지수가 높아질 수 없다. 모든 종교가 개인의 자유를 구속하는 것은 아니지만 자유를 구속하는 종교는 반드시 행복지수를 떨어뜨린다.

고용

"현재와 같은 생산성 향상이 미래에도 계속되면서 2000년에는 평균 노동시간이 주 16시간으로 줄어들 것이다. 사람들의 여가시간이 대폭 늘어 생활의 질도 크게 향상될 것이다."

1950년대 미국의 모든 미디어는 미래 사회를 이렇게 예측했다. 하지만 이런 예상은 보기 좋게 빗나갔다.

주 16시간은 주 2일 휴무에 1일 3시간 근무하는 고용 형태다. 예전과 비교하면 생산성이 비약적으로 향상됐지만, 그와 동시에 사람들은 과거보다 더 열심히 일하지 않으면 먹고살기 어려워졌다.

---

[10] 일반적으로 이슬람법의 법이론을 피즈흐(Figh), 법체계를 샤리아라고 한다. 때로는 이 두 가지를 동의어로 사용한다. 샤리아는 알라 신의 말 그 자체인 『코란』을 바탕으로 성립된다. 그런 뜻에서 샤리아는 곧 신의 의지다.

앞에서 언급했지만, 1인당 GDP가 1만 달러(약 1천만 원)를 넘어서는 순간부터 소득의 증가와 행복지수의 관계는 희미해진다. 물론 1인당 GDP가 1만 달러에 미치지 못하는 발전도상국들의 입장에서는 경제발전을 최우선 과제로 삼는 건 당연한 일이다.

실업은 일반적으로 개인의 행복지수를 떨어뜨린다. 사회복지가 잘돼 있는 유럽에서도 장기 실업률이 높은 포르투갈, 그리스, 프랑스, 이탈리아의 행복지수는 다른 서유럽 국가들에 비해 낮다. 이들 나라는 그리스를 제외하면 가톨릭교도가 많은 라틴계 국가들이다.

예외도 있다. 가톨릭교도가 대부분을 차지하는 라틴아메리카를 보면 콜롬비아와 브라질의 실업률이 각각 12%, 8%에 달한다. 1인당 GDP는 1만 달러에 미치지 못하지만 행복지수는 세계 최고 수준이다. 일본 역시 실업률과 행복지수가 밀접한 상관관계를 보이지 않는다.

보통 경제가 발전하면 고용을 창출해낸다. 때문에 국가 주요 정책으로서 실업률을 낮추려는 노력은 매우 중요하다. 다만 실업률을 낮춘다고 해서 반드시 행복지수가 높아지는 것은 아니라는 점도 부인할 수 없는 사실이다.

소득격차

인도 캘커타에 거주하는 홈리스(homeless)와 미국 캘리포니아 홈리스 중 행복지수가 높은 쪽은 인도의 홈리스다.

사회보장제도가 전무한 인도에서는 자원봉사자들이 홈리스들에게 식사를 제공한다. 길거리에서 죽는 사람도 적지 않을 정도로 비참한 생활을 한다. 그러나 주위 사람들도 별로 나을 게 없기 때문에 자신의 빈곤을 체감하지 못한다. 욕망은 상대적인 가치에 영향 받는다. 캘리포니아에는 부유한 주민이 많기 때문에 격차를 더 크게 느낄 수밖에 없다.

캘리포니아 홈리스 중 평균 23%는 우울증을 앓고 있다고 한다. 일반 인구에서 정신병을 앓는 인구 비율은 평균 4% 정도다. 가족과 친구에게 버림 받은 홈리스에게 인간관계는 존재하지 않는다. 과도한 경쟁사회인 미국의 부산물이다.

그렇다면 계층 간 소득격차가 큰 사회는 반드시 행복지수가 낮을까. 조사 결과를 보면 그런 것만은 아니다. 한 사회 안의 계층 간 소득격차를 나타내는 '지니계수'의 차이가 세계에서 가장 큰 나라는 아프리카 나미비아이며, 상위 순위 모두 아프리카 국가들이 차지하고 있다. 다음으로는 콜롬비아, 브라질 등 중남미 국가들이 점하고 있다. 홍콩과 싱가포르도 비교적 소득격차가 큰 나라로 꼽힌다.

소득격차가 가장 작은 나라는 스웨덴, 덴마크 등 북유럽 국가들이다. 동유럽을 포함, 유럽 국가들은 계층 간 소득격차가 작은 편이다.

일본은 1993년까지는 덴마크에 이어 세계에서 두 번째로 소득격차가 작았지만, 2008년 기준으로는 134개국 중 62위로 벌어졌다. 그사이 일본의 행복지수에는 별다른 변화가 없었다.

정리해보면 이렇다. 북서유럽은 계층 간 소득격차가 작고 행복지수도 높다. 동유럽은 소득격차가 작지만 행복지수가 낮다. 아프리카는 소득격차도 크고 행복지수도 낮다. 중남미는 소득격차가 크지만 행복지수는 높다. 일본은 과거에 소득격차가 매우 작았지만 현재는 점차 벌어지고 있다. 하지만 행복지수에는 변화가 없다.

계층 간 소득격차와 행복지수는 어느 정도 관계가 있어 보인다. 하지만 중남미와 같이 소득격차가 큰 데도 행복지수가 높은 나라가 있는 반면, 동유럽처럼 소득격차가 크지 않아도 행복지수는 낮은 나라도 존재한다. 일본은 소득격차가 행복지수에 별 영향을 주지 않는 사회다.

지역주권

영세중립국이자 직접민주주의 체제를 채택하고 있는 스위스는 26개 주로 구성된 연방국가다. 인구는 일본의 아이치 현(愛知縣) 정도인 780만 명이며, 1만 5천 명에서 최대 124만 명(취리히 주)까지 비교적 소규모 자치단체가 스위스라는 연방국가를 형성하고 있다. 공용어는 독일어, 프랑스어, 이탈리아어, 로만슈어 등 4개로 각 주에는 독자적인 의회, 헌법, 사법재판소가 설치돼 있다. 국정 운영은 직접민주주의로 결정된다.

수도 베른과 스위스 최대 도시 취리히가 있는 독일어권은 전체 인구의 64%로 나라를 대표한다. 국제도시 제네바가 있는 프랑스어 권역은 19%, 이탈리아어 권역은 8%이다.

언어권이 다르면 일상생활도 달라진다. 가령 프랑스어 권역 사람은 프랑스어 뉴스와 드라마, 영화를 보며 자라는 반면 독일어 권역에서는 모든 생활이 독일어로 이루어진다. 이런 언어의 차이 때문에 같은 스위스인이라도 문화적 차이를 느끼게 되지만, 스위스의 행복지수는 언어의 차이로 크게 달라지지 않는다.

스위스에서는 주에 따라 자치의 범위가 다르다. 스위스 경제학자 브루노 프라이(Bruno S. Frey)와 알로이스 스터처(Alois Stutzer)[11]에 따르면 지방자치가 발달된 주일수록 주민의 행복지수가 높다. 이런 결과를 입증해주는 것이 스위스에 거주하는 외국인의 행복지수다.

스위스 인구의 22%는 외국인 거주자와 임시노동자들이다. 각 주에 사는 외국인의 행복지수는 세계 최고 수준의 행복지수를 가진 스위스인과 비교해 낮은 편이다. 특이한 것은 모든 주에서 일관되게 외국인들

---

11 스위스 취리히 대학 경제학과 교수들이다. 행복과 경제의 연결고리를 이론적으로 연구한 첫번째 서적으로 평가 받는 책 『행복과 경제학 Happiness and economics』을 저술했다. 한국에서는 『경제학 행복을 말하다』라는 제목으로 번역됐다.

의 행복지수가 낮다는 점이다. 북구 등 일부 유럽 국가들과 달리 스위스에 거주하는 외국인에겐 지방참정권이 없어 지방자치 참여도 또한 매우 낮다.

지방자치 참여 정도가 높다는 것은 주민들의 의견이 정치에 잘 반영된다는 것을 의미한다. 정치에 대한 관심이 높다 보니 선거가 매우 중요해진다. 주민이 정치에 적극적으로 참여해 자신의 지역을 스스로 만들어간다는 의식이 강해 지역 내 연대의식도 강하다. 아무리 나쁜 상황이 발생해도 스스로 해결방법을 찾기 때문에 스스로 납득할 수 있는 지역을 만드는 게 가능하다는 것이다.

최근 일본에서도 도주제(道州制)[12] 도입 등 지방분권을 위한 논의가 진행 중이다. 일본에서도 지방분권을 발전시켜 개인의 행복지수를 높이는 일이 가능할지 관심을 모으고 있다. 만약 지방분권 체제로 바뀐 뒤 어느 한 지방이 경제적으로 피폐해질 경우 의존 체질이 강한 지역은 국가에 책임을 물으려 할 것이다. 하지만 주민들이 자립심을 가지고 지역 전체가 자립하려는 의지를 보이지 않으면 이른바 '지역주권'은 먼 나라 얘기에 지나지 않는다.

어쩌면 지방주권의 결과로 지역별 격차가 커지는 것은 필연적일지 모른다. 그렇다고 차이가 생기는 게 반드시 나쁜 것만은 아니다. 자립생존을 모색함으로써 지역의 개성을 살릴 수 있기 때문이다. 이렇게 되면 지역에 대한 애착도 커져 시민의식도 높아진다. 경제적 격차가 생기더라도 주민이 더 행복해질 수 있다면 좋은 일이다.

---

12 일본은 지금의 중앙집권적 국가운영으로는 국제경쟁력 강화와 경제활성화가 불가능하다고 보고 기존 47개 도도부현(都道府県)을 9~13개의 도주로 통합, 광역 경제권으로 육성하기 위한 연구를 진행 중이다. 연방제와 비슷한 도주제를 2018년에 도입하는 것을 목표로 내각성 산하에 '도주제 비전 간담회'를 설치, 도주제 도입 방안 및 기본법안 제정을 검토하고 있다.

획일적 발전이 아니라 주민의 판단으로 스스로 만족할 만한 지역을 만드는 것이 바로 지방분권이다. 지방분권은 주민의 행복지수를 높이는 아주 중요한 출발점이다.

관대함

한 사회의 '관대함'은 국가의 행복지수와 아주 밀접한 관계가 있다. 관대함이란 개인의 사상, 행동, 언행 등 모든 차이를 존중하며 서로 평등한 권리를 인정하는 것을 말한다. 관대한 사회 안에서는 인생의 선택지가 넓어진다.

월드 밸류 서베이 소장인 미국 시카고 대학 로널드 잉글하트 교수는 "두려움 없이 인생을 살아가면 타인에게도 관대해진다"고 말한다. 이는 미국 32대 대통령인 루스벨트가 선언한 인류의 보편적 4대 자유(언론의 자유, 종교의 자유, 빈곤으로부터의 자유, 공포로부터의 자유)와도 상통한다.

한 사회의 관대함은 이른바 '소수자(마이너리티)'가 그 사회에서 평등한 권리를 보장받고 있는지 보면 알 수 있다.

어느 사회든 이런저런 '소수자', 즉 정치 사회적 약자가 존재하기 마련이다. 그러나 미국과 같이 다양한 이민자로 구성된 나라와 일본처럼 압도적 다수가 단일 인종인 나라를 단순 비교하는 것은 무의미하다. 여기서 주목해야 할 것이 어느 나라든 반드시 일정 비율 존재하는 '소수자'다.

'LGBT'로 불리는 성(性) 소수자는 여기에 딱 들어맞는 예다. LGBT는 Lesbian(여성 동성애자), GAY(남성 동성애자), Bisexual(양성애자), Transgender(트랜스젠더)의 앞 글자를 딴 것이다.

최근 세계 각국에서는 동성애자 간 결혼이 논쟁거리로 부각되고 있다.

북서유럽 국가들 대부분은 사실상 동성 결혼을 인정하고 있다. 이탈리아와 그리스는 예외다. 이탈리아와 그리스의 행복지수는 서유럽에서

경제발전과 사회적 자유가 행복에 미치는 영향

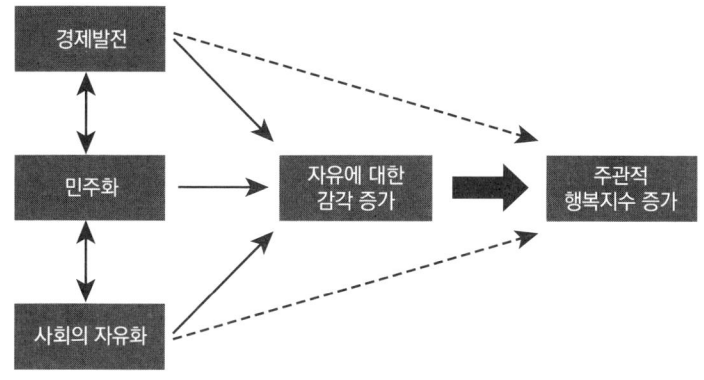

가장 낮은 수준이다.

　동유럽 국가들은 동성 결혼을 일절 인정하지 않는다. 행복지수는 세계 최빈국인 아프리카와 비슷한 정도로 낮다. 행복지수가 높은 라틴아메리카를 보면 멕시코, 아르헨티나, 브라질, 콜롬비아, 에콰도르가 사실상 동성 결혼을 인정하고 있다.

　이슬람 국가에서는 동성 결혼은 물론, 동성애 자체가 위법이다. 특히 사우디아라비아, 이란, 이집트, 모리타니아, 수단에서는 동성애가 적발되면 사형에 처해진다. 이슬람 국가에서 행복지수가 높은 나라는 거의 없다.

　아프리카에서 동성 결혼을 인정하는 나라는 남아프리카공화국뿐이다. 아프리카에서는 결혼에 대한 전통적 가치관이 강하게 남아 있을 뿐 아니라 엄격한 이슬람 율법의 영향으로 거의 대부분 나라가 동성애를 법적으로 인정하지 않고 있다.

　아프리카의 행복지수가 세계에서 가장 낮은 것은 다시 언급할 필요가 없다. 일본에서는 동성 결혼이 정치적 화제거리조차 되지 않는다. 한국의 상황도 비슷하다. 한국의 행복지수는 일본보다도 더 낮다.

정리해보자. 행복지수가 높은 나라는 동성 결혼을 인정하는 경우가 많으며 동성 결혼을 인정하지 않는 나라 중 행복지수가 높은 나라는 없다. 또 전반적으로 행복지수가 높은 중남미 국가들 중에도 동성애가 위법인 자메이카는 비교적 행복지수가 낮다.

동성 결혼 외에 사회적 관대함을 측정할 수 있는 지표가 남녀평등지수다. 세계에서 남녀평등지수가 가장 높은 나라는 행복지수가 높은 유럽 국가들이다. 남아프리카공화국, 필리핀 등도 남녀평등이 비교적 잘 이루어져 있지만, 1인당 국민소득이 1만 달러를 밑돌아 행복지수는 높지 않다. 선진국에서는 예외 없이 남녀평등지수와 행복지수의 상관관계가 매우 밀접하다.

행복지수가 낮은 동유럽에서는 남녀평등이 어느 정도 진전돼 있지만 동성 결혼은 인정하지 않는다. 따라서 남녀평등의 진전과 동성 결혼이라는 두 가지 지표를 함께 봐야 한 사회의 관대함을 정확히 측정할 수 있다.

일본의 남녀평등지수는 134개국 중 101위다. 이는 최하위를 독점하는 이슬람 국가들을 약간 웃도는 수준으로 아프리카의 짐바브웨, 탄자니아, 아시아의 방글라데시 등 세계 최빈국보다도 더 낮다. 특히 동일노동 내 남녀 급여 차이, 남녀 수입의 격차가 크고, 여성의 노동 참여, 여성 관리직 숫자, 전문직 여성의 수가 적다. 또 여성 국회의원과 여성 장관 수도 적고 여성 국가원수 숫자는 제로다.

남녀평등을 진전시키기 위해서는 법률로 확실히 정해놓는 게 최소한의 조건이다. 하지만 남성이 국회의원을 독점하고 있다면 여성에 불리한 사회가 계속 이어질 수밖에 없다. 여성 국회의원 수는 남녀평등의 상징이다.

일본의 여성 국회의원은 전체의 11.3%(중의원의 경우)다. 이는 전 세계 147개국 중 96위로 선진국에서는 단연 최하위다. 한국의 남녀평등지수 순위는 115위로 일본과 비슷한 수준이다. 한국의 여성 국회의원 비율은 13.7%로 일본과 아주 비슷하다.

여성 국회의원 비율이 가장 높은 나라는 아프리카 르완다(56.3%), 스웨덴(46.4%), 남아프리카공화국(44.5%) 등이다. 특히 이슬람 국가인 아프가니스탄(27.3%), 이라크(25.5%)도 일본의 두 배 이상이다.

이슬람 국가들 중에는 여성의 참정권이 없는 나라도 많다. 사우디아라비아는 여성이 자동차나 자전거를 운전하는 것이 금지돼 있다. 또 여성은 남편이나 친족 이외의 남성에게 얼굴을 보여서는 안 되는 등 행동에 엄격한 제한을 받는다. 무엇보다 이슬람교에서는 일부다처제를 인정한다. 이런 극단적인 남녀 차별이 있는 사회와 일본이 별 차이가 없다니 일본의 남녀 차별이 얼마나 심각한지 짐작할 수 있다.

물론 일본의 남녀 간 격차를 측정할 때 통계에는 잡히지 않는 부분을 고려할 필요는 있다. 가령 일본의 많은 가정에서는 남편이 매월 급여를 전액 아내에게 맡기고 용돈을 타 쓴다. 이는 실질적으로 여성이 가정의 경제권을 갖고 있는 것으로 해석 가능하다. 이런 생활문화는 일본과 한국에서만 볼 수 있다. 또 가정 내 소비의 결정권을 아내가 갖고 있는 경우가 많은데, 여성의 이런 숨겨진 권력은 통계에는 잡히지 않는다.

여성이 가정에서 소비의 결정권을 갖는 경향은 일본 이외에도 미국, 유럽 등 세계에서 흔히 볼 수 있는 게 사실이다. 또 군대나 육체노동 같은 직업에서 남녀평등의 의미는 다르다.

여성 국회의원이 반드시 50%를 넘을 필요는 없다. 그럼에도 불구하고 국회의원 중 여성 국회의원이 10%밖에 되지 않는 일본의 사정은 매우 특이한 것이다.

'일자리가 부족한 경우 남성이 여성보다 먼저 일자리를 가져야 한다'는 주장에 동의하나?

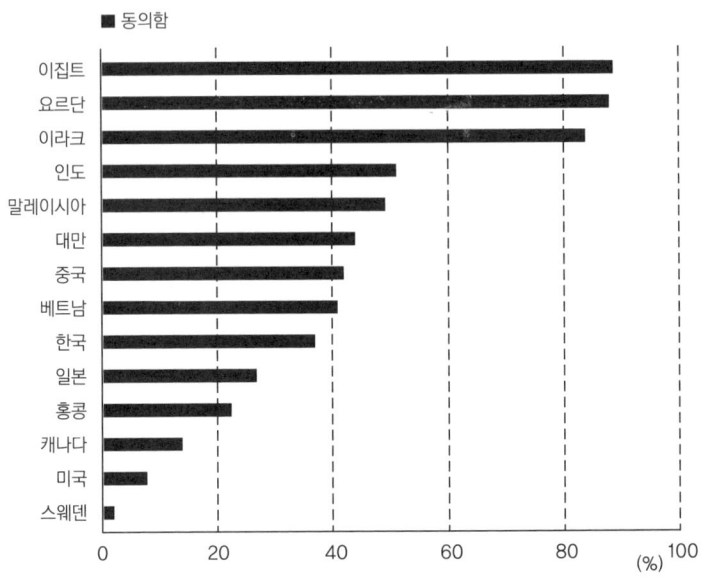

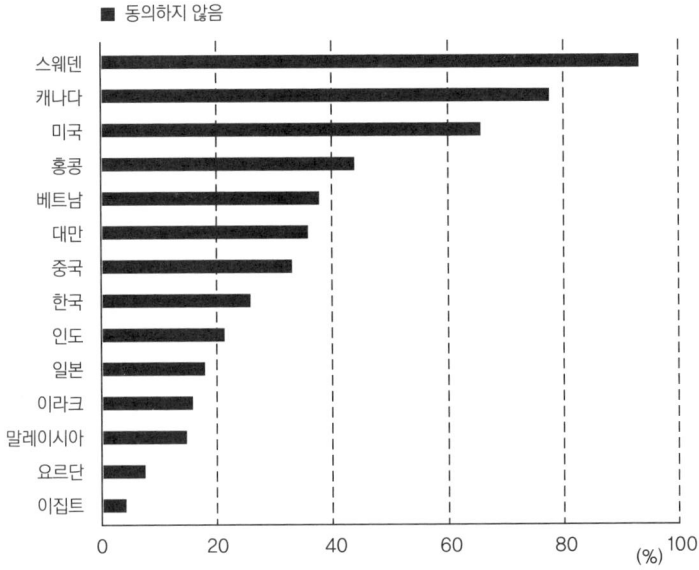

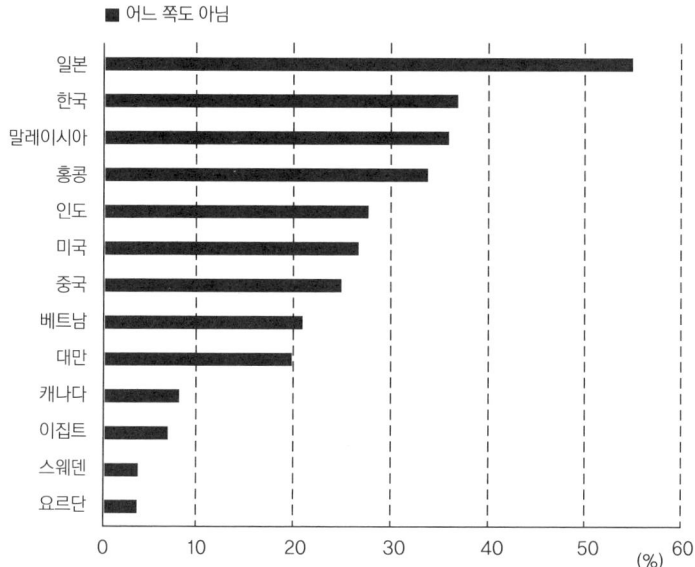

왜 일본의 남녀격차가 세계에서 유례를 찾기 힘들 정도로 심각한 수준이 됐을까. 다음 설문조사 결과를 보면 일본의 현실을 짐작할 수 있을 것 같다. '일자리가 부족한 경우 남성이 여성보다 먼저 일자리를 가져야 한다고 생각하나'라는 질문이다.

이에 대해 이슬람 국가에서는 80% 이상이 '동의한다'고 응답했다. 다음으로 많은 곳은 아시아로 인도, 대만, 중국, 베트남이 40~50% 정도 동의한다고 답했다. 일본은 27%, 유럽 국가들은 2~6%밖에 동의하지 않았다.

'동의하지 않는다'는 응답은 일본이 18%로 이슬람 국가들과 비슷했다. 유럽 국가들은 75~90% 이상이 '동의하지 않는다'고 답했다.

여기서 주목할 것은 '어느 쪽이든 상관없다'는 답이다. 이런 대답을 한 일본인의 비율은 55%로 이는 세계에서 가장 높다. 다음으로 아시아 각국이 상위를 차지했다.

다시 설명하면 이렇다. 일본에서 남녀 간 차별을 노골적으로 찬성하는 사람은 30% 미만이며 적극적인 반대도 20%에 지나지 않는다. 또 절반 이상은 생각해보지 않았거나 자신의 의견이 없다고 대답했다. 다시 말해 과거부터 이어진 '남존여비'를 묵인하고 있는 것이다. 이것이 남녀 차별에 대한 '일본만의 특징'이라고 말할 수 있다.

일본에는 극단적으로 관대하지 못한 사람이 많지 않다. 이는 이슬람 국가들과 크게 다른 점이다. 이슬람 국가에서는 80% 이상이 남존여비를 당연한 것으로 생각하고 있다. 그러나 아무 말도 하지 않거나 아무런 행동도 하지 않는 것은 '동의한다'는 것과 같은 의미다. '좋은 게 좋다'는 식인 것이다.

일본인의 응답 중 '모르겠다'와 '동의한다'를 합하면 80% 이상이다. 결과적으로 10명 중 8명은 드러내든 드러내지 않든 남존여비에 동의한다는 뜻이다. 이는 이슬람 국가들과 비슷한 비율이다. 이런 사실이 일본의 남녀평등지수를 이슬람 국가들과 비슷한 세계 최저 수준으로 떨어뜨린 요인이 아닌가 생각된다.

남녀평등 이외에도 일본에서는 미혼모 아이의 권리, 재일외국인 등 소수자의 권리가 아직 확립돼 있지 않다. 최근 논의되고 있는 '선택적 부부 별성[13]'도 마찬가지다. 모두 개인에 대한 관대함과 관계가 깊은 거

---

[13] 일본 민법 제750조는 '부부는 결혼할 때 정해진 바에 따라 부(夫) 또는 처(妻)의 씨(氏)를 칭(稱)한다'고 규정하고 있다. 법률용어로는 '씨'이나 일본인들은 흔히 '묘지(苗字)' 또는 '성'이라고 한다. 일본 민법은 결혼하면 부부가 동일한 성을 가져야 한다고 했을 뿐, 남자의 성을 따라야 한다는 규정은 없다. 일본은 고대 이래로 한국, 중국처럼 부부가 각자의 성을 사용하는 부부 별성(夫婦別姓) 제도였으나, 1868년 메이지 유신 이후 서구식으로 남편의 성을 따르는 부부 동성(同姓) 제도가 도입됐다. 현재 일본 여성의 95%가 남편의 성을 따른다. 최근 일본에서는 부부가 별도의 성을 써야 한다는 주장과 함께 제도 개정 논의가 한창이다.

것들이다.

　북서유럽에서는 동성 결혼은 물론 사회 소수자 대부분이 평등한 시민권을 갖고 있다. 이것이 전체 행복지수를 높이는 이유 중 하나인 것만은 분명한 사실이다. 관대한 사회의 최소 조건은 집단주의의 굴레에서 벗어나는 것이다.

　정리해보자. 기후조건, 종교, 평균수명, 자살률, 출산율, 경제적 격차, 고용과 각국의 행복지수와의 관계를 명확하게 말할 수는 없다. 때로는 각각의 관계가 복잡하게 얽혀 있기도 하다. 중요한 건 지방분권의 진전과 함께 개인에 대한 사회적 관대함이 한 사회의 행복지수와 밀접한 관련을 갖게 되었다는 것이다.

　일본은 관대하지 못한 사회다. 좀 더 정확히 말하면 관대하지 않은 사람이 많은 게 아니라 과거로부터 이어져 온 관습에 젖어 '좋은 게 좋은 것'이라는 식으로 '불관용'에 대해 입을 다물고 있는 사람이 많은 사회다.

3장

동아시아, 행복을 거부하다

일본과 매우 비슷한 행복지수를 보이는 나라가 있다. 한국, 대만, 홍콩, 싱가포르다. 이들 나라의 외면적 행복지수는 일본과 비슷한 정도거나 약간 낮은 수준이다. 지리적으로는 동아시아가 아니지만 민족적으로 가까운 싱가포르만 일본보다 약간 높다.

중국의 행복지수는 전반적으로 낮은 편이다. 1인당 GDP가 약 6천 달러 정도여서 아직은 동아시아의 다른 국가들과 행복지수를 직접 비교하긴 이른 감이 있다.

동아시아는 문화적으로 공통점이 많고 역사적으로도 밀접하게 연결돼 있다. 특히 유교, 불교, 도교의 영향을 크게 받았다. 그중에서도 유교는 불교나 도교와는 결정적으로 다른 점이 있다. 유교가 사회성과 정치 그리고 사회 중심의 '조직 원리'를 설파하고 있다는 점이다.

유교의 사회성은 주로 집단주의를 의미한다. 집단주의란 개개인의 이익이 아닌 사회 전체의 이익을 우선시하는 것, 사회 전체가 풍요로워지면 최종적으로 개인의 이익이 커진다는 발상이다.

모든 것에 장단점이 있듯이 집단주의에도 장점과 단점이 있다. 집단주의가 동아시아 국가의 행복지수에 미친 영향을 생각해보자.

유교와 동아시아

유교는 기원전 500년경 중국의 공자를 시조로 수천 년 동안 중국, 한국, 일본 등 동양의 사상을 지배했다. 공자는 군신(君臣), 부자(父子), 부부(夫婦), 형제(兄弟)라는 계층 간 역할분담을 명확히 하고 상호간 의무를 무엇보다 강조했다.

동아시아의 통치자들은 제도와 규율에 초점을 맞춘 유교의 효율성에 매력을 느꼈다. 또 개인 행위를 극도로 제약함으로써 권력 기반을 다졌다. 유교에서 '개인의 자유'에 대한 가르침은 없었기 때문이다.

604년, 일본의 스이코 천황(推古天皇)이 제정한 것으로 알려진 최초의 성문법인 '17조헌법'은 유교 경전을 인용하며 천황 중심의 강력한 국가의식을 명문화하고 있다. 또 도쿠가와(德川) 막부[14] 시절 '유학'이 적극 받아들여지면서 현대 일본에 수많은 집단주의 관습을 남겼다.

우리는 새로운 사람과 만날 때 상대가 어떤 사회적 위치에 있는지 먼저 판단한다. 상대방의 지위를 망각한 채 언행에 실수라도 하게 되면 '이 녀석은 위아래를 모른다' '몰상식하다'는 낙인을 찍기 때문이다.

개인의 내면과 실력이 아니라 연령의 차이나 사회적 지위에 따라 언행을 조심하고, 선후배 관계 등 집단 내 입장에 따라 사람을 판단하는 관습은 단연코 유교의 영향이다. 한국 역시 일본만큼 유교의 영향을 강하

---

[14] 일본에서는 전쟁이 종식된 노쿠가와 막부 시대부터 무사들의 사상적 기반이 선불교에서 유교로 전환됐다는 게 정설이다. 이때부터 무사들의 의식과 삶이 유교적 가치관과 철학의 영향을 받았다. 도쿠가와는 타락한 무사계급에 충절을 강조하기 위해 유교사상에 기반을 둔 문교정책을 시행했다.

내면과 외면지표로 본 동아시아의 행복지수

- 외면지표로 본 행복지수

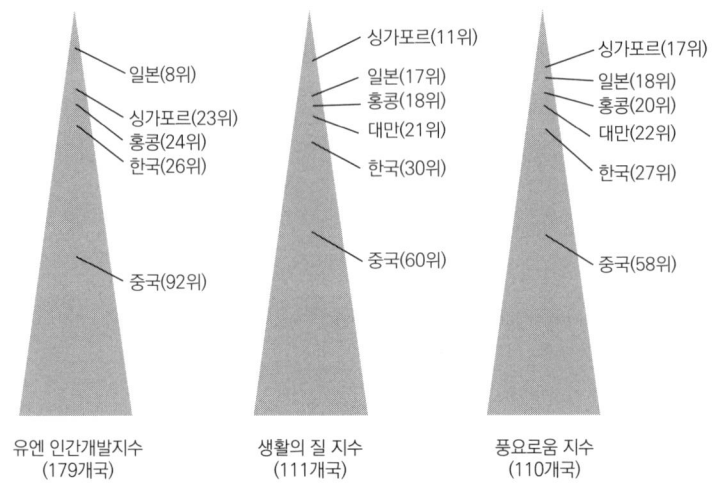

- 내면지표로 본 행복지수

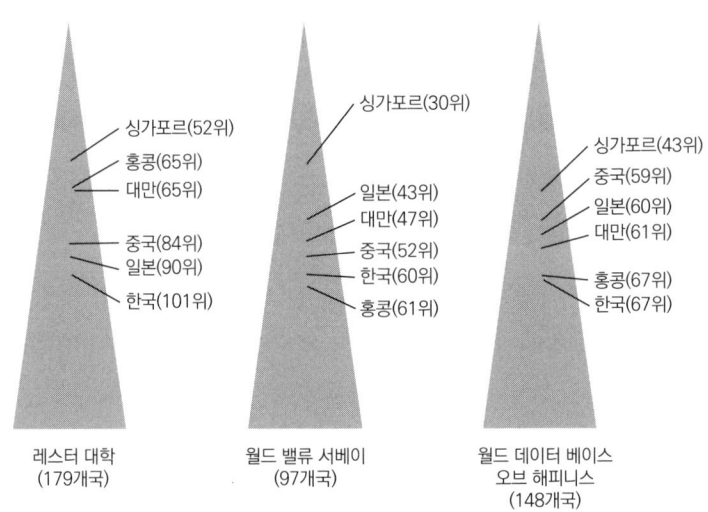

게 받아 상하관계가 엄격하다. 이런 엄격한 상하관계는 동아시아 사회에만 있다.

군대식 집단주의

상하관계가 가장 엄격한 곳은 군대다. 군대에서 상관의 명령과 규율은 절대적이다. 명령을 어기는 자는 반드시 처벌을 받는다. 극단적 집단주의의 전형이 바로 군대라는 얘기다.

군대의 존재 목적은 전투에서 승리하는 것이다. 자국의 방위는 물론 국제분쟁 개입 시에도 승리하지 못한 군대는 존립 근거가 없다. 제2차 세계대전 이전 일본에는 국민 모두가 훌륭한 군인이 되어 전쟁에서 승리한다는 '목적'이 존재했다. 그러나 지금은 전시 상황이 아니다.

그렇다면 지금 이 순간 일본의 존립 목적은 무엇일까. 경제전쟁에서 다른 나라를 이기는 것인가. 만약 경제적 부의 축적이 국가 존립의 유일한 목적이라면 국민 모두가 열심히 일을 해 경제발전에 공헌하는 것도 분명 국가를 위한 길이다.

실제로 일본에서는 요즘도 심한 노동으로 '과로사'하는 사람들이 많다. 일본이 단기간에 세계 최고의 경제대국으로 성장한 데는 이처럼 열심히 일한 사람들의 희생이 있었기에 가능했다.

하지만 '죽기살기'로 일하는 노동집약형 경제 환경 속에서 상식을 파괴하는 혁신은 잉태되지 않는다. 혁신의 아이디어가 없는 일본 제품은 값싼 노동력으로 버텨나가는 개발도상국의 제품들과 다를 게 없다.

창업정신의 촉진과 경제 번영 사이에는 명확한 상관관계가 존재한다. 군대식 시스템을 고집하는 한 현재 세계 곳곳에서 벌어지고 있는 경제전쟁에서 승리할 수 없다.

경제활동의 장점이던 '군대식 집단주의'는 과거의 유물이다. 군대식 발상이 일본 사회를 계속 지배한다면 개성은 더욱 없어지고, 행복한 개인도 생겨날 수 없다.

상하관계의 폐해

나이가 많은 사람은 어린 사람보다 '더 많이 살았기 때문에' 지혜로울 수 있다. 부모 자식 간에도 당연히 부모의 인생 경험이 더 많다. 그러나 이는 확률적으로 그렇다는 것이다.

더 오래 살아 확률적으로 더 지혜로울 수 있다고 해서 '연장자는 곧 존경의 대상'이라는 단순 등식을 따라야 한다면 존경심이 전혀 생기지 않는 연장자에게도 존경을 표시하지 않으면 안 되는 모순이 생긴다.

우리는 한 개인을 인종으로만 보고 판단할 때 '인종차별'이라고 인식한다. 그런데 나이나 성별로 사람을 판단하는 것에 대해서는 전혀 차별로 생각하지 않는다.

부모가 아이에게 존경 받으려면 존경 받을 만한 행동을 해야 한다. 단지 부모라는 이유로, 나이가 많다는 이유로 존경을 요구해서는 나이가 적은 사람이나 아이 입장에서 보면 참 불공평한 일이다. 나이가 적든 많든 스스로 상대를 판단해 존경할 만한 가치가 있을 때 존경하는 것이 맞는 일이다.

상하관계에도 장점이 없는 건 아니다. 존경하는 선배나 자랑스러운 후배를 위해 만사 제치고 도와주는 관계도 분명 존재한다. 하지만 단순 상하관계 속에는 건전한 인간관계를 해치는 요소가 더 많다는 걸 간과해선 안 된다.

집단주의의 가장 큰 특징은 결코 바뀔 수 없는 기준을 잣대로 개인의 행동을 강요하는 것이다. 나이라는 결코 바뀌지 않는 기준 때문에 행동이 제약 받는 사회가 바로 집단주의 사회다.

일본인 남성들 사이에서 '친한 친구'란 같은 나이, 같은 학년, 입사동기 등 자신과 상하 구별이 없는 사람들이 대부분이다. 물론 상하가 명확한 상대에게 자신의 본심을 드러내기란 쉽지 않은 일이다. 그렇다고 친한 관계가 동년배 간에만 만들어진다면 관계 속에서 얻어지는 정보 역시 편향될 가능성이 크다. 대화 속 화제거리가 비슷할 수밖에 없어 폐쇄적인 사고에 갇혀버릴 수 있다는 뜻이다.

나 역시 친한 일본인 친구는 동년배거나 동급생이다. 그러나 일본인이 아닌 외국인 친구는 연령에 관계없이 다양하다. 심지어 나이가 몇 살인지도 모르는 친구가 많다. 연령 따위는 화제거리가 되지 않기 때문이다.

다행히 일본인 여성의 경우 남성에 비해 연령으로 상하관계가 강요되는 일이 그리 많지 않다. 여성들의 인간관계를 보면 연령층이 매우 다양하다. 그럼에도 불구하고 일본인 여성의 사회적 지위는 다른 나라에 비해 매우 낮은 수준이다. 폐쇄적인 남성 중심 사회 속에서 충분한 능력을 발휘하지 못하기 때문일 것이다.

일본 전체 상장기업의 여성 대표 비율은 1.2%에 불과하다. 이는 남자와 여자라는 상하관계에서 오는 경직된 사회의 한 단면이다. 노르웨이 상장기업의 여성 대표 비율은 32%이며, 이를 40%까지 끌어올리도록 하는 법률이 제정됐다. 유럽연합 평균은 11%다.

계층 간에 벽이 없어지면 인간관계의 폭이 넓어지고 생각과 행동도 다양해진다. 개성 있는 개인은 이런 사회에서 태어난다. 개성이 넘치는 사회는 '나와는 다른' 이질적인 생활방식에 대해서도 관대하다. '관대함'은 행복한 사회로 가기 위한 가장 중요하고 기본적인 요소다.

경제는 발전해도 행복지수는 높아지지 않는 딜레마

독일의 사회경제학자 막스 베버는 『프로테스탄티즘 윤리와 자본주의 정신』에서 "자본주의 발전에 기독교 프로테스탄트파(개신교)가 가진 합리성과 노동윤리가 크게 공헌했다"고 일갈했다. 형식에 집착하는 가톨릭과 달리 합리적이면서 노동 자체가 미덕인 '칼뱅주의'가 산업혁명을 이끌었다는 설명이다. 또 동아시아 국가들의 급격한 경제발전과 유교 정신 간에는 밀접한 관련이 있다는 얘기도 있다.

아시아 국가 중에는 유교의 영향을 받지 않은 나라도 있다. 필리핀은 인구의 90% 이상이 기독교도다. 그중 83%를 가톨릭교도가 차지하고 있다. 또 인구상으로 세계 최대 이슬람 국가인 인도네시아와 힌두교가 다수인 인도, 불교 국가인 태국, 캄보디아, 라오스, 스리랑카, 미얀마 등도 유교의 영향을 받지 않은 나라들이다. 이들 국가의 1인당 GDP는 유교의 영향을 강하게 받은 일본, 한국, 홍콩, 대만 싱가포르와 큰 차이를 보인다.

이슬람 국가인 말레이시아는 인구의 약 25%가 중국계다. 말레이시아의 개인 자산 총액 상위 10명 중 8명이 중국계인 것은 잘 알려진 사실이다. 태국은 중국계가 약 14%이지만 태국 경제에서 중국계의 존재감과 영향력은 실로 엄청나다.

북한과 중국은 예외다. 사회주의 체제였던 중국 경제는 크게 정체돼 있다가 최근 눈부시게 발전하고 있다. 어쨌든 유교의 영향이 강한 시장경제 국가는 모두 급속한 경제발전을 이룩했다.

반면 급속한 경제발전 과정에서도 개인의 행복지수가 높아지지 않는 것도 유교의 영향을 받은 국가들의 공통점이다. 이는 집단주의와 밀접한 관련이 있다. 사회가 아무리 풍요로워져도 개인보다 집단을 우선시

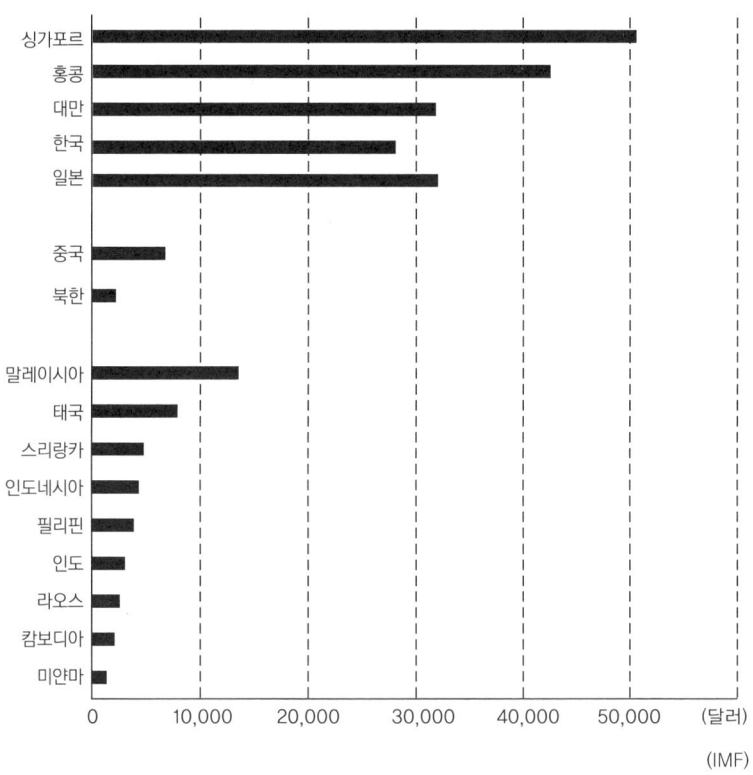

하는 정신만은 바뀌지 않았다.

집단주의의 대척점에 있는 개인주의는 개인의 행복을 위해 최적화된 사회를 만든다는 게 핵심이다. 집단의 결과물을 중시하는 사회와 개인의 행복이 최상인 사회, 어느 쪽의 행복지수가 높겠는가. 행복지수가 더 이상 높아지지 않는 동아시아 국가들이 과연 개인의 행복 추구를 최우선으로 생각하는 사회인지 곰곰이 생각해볼 필요가 있다.

4장

세계의 행복 지도

부탄의 빛과 그림자

동아시아 이외의 다른 나라로 눈을 돌려보자. 먼저 행복한 국가의 실현을 가장 먼저 제기한 부탄이다.

히말라야 산맥의 소국 부탄의 국왕은 1972년 부탄의 미래에 대해 획기적인 내용을 발표했다. 'GDP가 아닌 GNH(Gross National Happiness, 국민총행복)를 높이는 것을 국가의 목표로 삼아야 한다'는 것이었다.

GNH 개념은 여러 나라로 침투하고 있다. 최근에는 영국과 프랑스 정부도 '국민 행복'을 정치과제로 논의하고 있다. 일본에서도 정부 주도로 국민 행복 조사가 시작됐다. 부탄은 정말 행복한 나라일까.

부탄은 지난 2006년 영국 레스터 대학의 에이드리언 화이트 교수가 작성한 '세계행복지도'에서 178개국 중 8위를 기록했다. 이 조사에서 부탄은 미국, 영국, 독일 등을 제치고 덴마크, 노르웨이 등 북유럽 행복국가들과 어깨를 나란히 했다.

부탄의 1인당 GDP는 2010년 기준 약 4천500달러로 유럽 국가의 10분의 1에 불과하다. '돈 없어도 행복하다'는 꿈 같은 나라가 현실화한 것처럼 보인다. 그런데 유감스럽게도 부탄의 행복지수 데이터는 레스터 대학 이외에는 존재하지 않는다.

여기서 우리는 부탄이라는 나라에 대해 좀 더 깊이 들여다 볼 필요가 있다.

부탄의 인구는 약 70만 명 정도다. 이는 일본의 시마네 현(島根縣)과 도쿄 내리마 구(練馬区)와 비슷한 수준이다. 인구밀도는 시마네 현의 약 6분의 1, 내리마 구의 800분의 1에 불과하다. 인구의 80% 이상은 농업에 종사한다.

히말라야 산맥 서쪽에 둘러싸인 부탄은 항상 두꺼운 구름에 덮여 있다. 내가 부탄을 방문했을 때 탑승한 비행기는 기상 악화로 착륙하지 못하고 출발지인 캘커타로 돌아가 하룻밤을 보내게 됐다. 다음 날은 무사히 도착할 수 있었지만 옆에 앉아 있던 인도인은 '이번에 운이 좋았다'고 손뼉 치며 기뻐했다. 지난번 그가 부탄을 방문했을 때는 일곱 번이나 착륙하지 못했다고 하니 그렇게 기뻐할 만도 했다.

일반 관광객이 부탄 방문을 허가 받은 것은 1974년 이후다. 그러나 부탄 정부는 부탄의 자연과 문화를 지킨다는 명분으로 입국자 수를 제한해왔다. 최근에는 제한을 두진 않지만 사전에 정부가 운영하는 여행사를 통해 일정을 정해야 한다.

여행요금은 1박에 최대 2천 달러. 이 금액에는 숙박비, 식사비, 교통비, 가이드 비용이 포함돼 있지만 개인적으로 자유로운 여행이나 행동은 할 수 없다. 때문에 부탄을 방문하는 외국인 대부분이 고령자로 젊은 사람은 거의 보이지 않는다.

반면 세계 각국 젊은이들이 모여드는 인접국 네팔은 서구화가 급속히 진행되고 있다. 네팔의 상황을 지켜본 부탄은 폐쇄정책으로 자국의 문화를 지키려 노력하고 있다.

부탄은 모국어로 '종카어'를 쓰지만 학교 수업은 모두 영어로 진행된다. 때문에 부탄 사람들은 대부분 영어를 유창하게 구사한다. 쇄국정책을 취하고 있는 나라가 모든 학교 교육을 외국어로 한다는 것 자체가 모순인 것처럼 보인다.

하지만 영어가 가능해지면서 국제적인 시각이 몸에 배는 것은 틀림없는 사실이다. 내가 만난 부탄의 젊은 사람들은 놀라울 정도로 자국의 문화와 정책에 대해 그들만의 명확한 의견을 갖고 있었다.

부탄 정부는 우수한 학생을 세계 각국의 대학으로 내보내고 있다. 해외에서 유학한 학생의 90%는 다시 돌아와 조국을 위해 일한다. 막부시대 말기부터 메이지 유신 때의 일본과 많이 닮았다. 일본인 유학생들이 개국 후 국가 발전에 크게 공헌한 것은 말할 필요도 없는 사실이다.

유학한 고학력자의 약 30%가 조국에 돌아오지 않는 싱가포르와는 대조적이다. 공용어가 영어라는 점에서 부탄과 싱가포르는 닮았지만 개인을 억압하는 사회체제에서 벗어나 자유를 찾아 떠나는 흐름을 막기란 불가능하다는 걸 싱가포르의 예에서 확인할 수 있다.

부탄은 저개발국가다. 그런데 놀라운 건 무상교육, 무상의료를 시행하고 있다는 점이다. 유럽과 비슷한 수준의 사회보장제도를 갖추고 있다. 부탄은 산맥지대라는 지리적 조건을 이용해 수력발전을 일으켜 인도에 전력을 수출한다. 하지만 전력 수출만으로는 유럽 수준의 사회보장제도를 지탱하긴 어렵다.

GNH를 연구하는 부탄연구소는 국민의 행복지수를 측정하기 위해 9개 영역에 주목한다. 생활수준, 건강, 교육, 생태와 환경, 문화의 활력과 다양성, 균형 있는 시간 활용, 좋은 통치, 커뮤니티의 활력, 심리적인 행복감 등이다. 그런데 여기에는 '개인의 자유'를 측정할 항목이 빠져 있다. 개인의 자유와 인권에 관한 한 부탄 정부가 자신 있게 얘기할 수 없는 이유가 있기 때문이다.

다민족 국가인 부탄은 인구의 6분의 1가량이 네팔계 이민자들이다. 1980년대 후반부터 정부는 늘어나는 네팔계 이민자들 때문에 위기감을 갖게 됐다. 1975년 인접국 시킴왕국[15]이 네팔계 이민의 증가로 인도에 흡수되는 걸 봤기 때문이다. 정부는 출산율이 높은 네팔계 이민자들에 대해 신경질적인 반응을 보였다.

1990년대 부탄 정부는 네팔계 이민자들을 강제로 국외 추방시켰다. 이른바 민족정화 작업이었다. 당시 고문과 같은 인권침해 사례가 있었던 것으로 알려져 있다. 세계적 인권감시단체 '휴먼 라이츠 워치(Human Rights Watch)'에 따르면 부탄 국적을 박탈당해 네팔 난민 캠프에서 생활하는 사람들이 현재 10만 명에 달한다. 부탄 인구가 70만 명인 것을 감안하면 엄청나게 많은 숫자다. 자연과 문화를 지킨다는 명분으로 개인의 자유보다 사회 전체의 안정을 우선시한 결과다.

부탄은 여러 산업이 다양하게 발달한 나라가 아니다. 농업을 중심으로 한 '마을 공동체', 즉 집단주의 생활 형태가 강하게 남아 있다. 부탄의 산업구조가 변화하지 않는 한 개인의 자유와 인권이 존중되는 사회구조로 바뀌긴 어려울 것이다. 서구에 견줄 만한 복지국가라는 평가도 속을 들여다보면 어두운 이면이 감춰져 있다. 부탄의 평균수명은 66.1세다. 선진국에 비해 10세 이상 짧다. 첨단 의료 시스템 보급이 더딘 탓에 유아사망률은 선진국의 약 10배에 달한다.

---

15 인도 서벵골 주 북부에 위치한 시킴왕국은 영국의 보호령을 거쳐 1950년에 인도의 보호국이 되었으나 1975년 인도는 주민들의 반대에도 불구하고 시킴을 인도의 22번째 주로 공식 편입시켰다.

또 문자해독률은 겨우 47%에 불과하다. 이는 세계에서도 가장 낮은 수준이다. 대부분 깊은 산 속 농가에 살고 있어서 아이들이 학교에서 정규수업을 받기 어렵기 때문이라고 한다. 부탄이 자랑하는 무상교육을 액면 그대로 받아들이기 힘든 대목이다.

행복한 국가 모델의 한 사례로서 부탄을 언급하는 것은 어쩔 수 없는 일이지만 국가의 크기, 지리적 조건, 산업구조, 경제발전의 정도 등 어느 것을 따져봐도 보통 국가의 행복 모델로 일반화하는 것은 무리가 있어 보인다. 특히 한국과 일본 같은 개방 국가에겐 더욱 그러하다.

인류의 역사는 '선택의 자유'를 획득하는 과정의 연속이었다. 이 흐름은 필연적 결과물로서 다양한 생활방식을 만들어냈다. 때로는 전체주의와 종교 원리주의같이 자유를 억압하는 국가체제도 출현했다. 그럼에도 불구하고 자유를 찾아가는 흐름이 끊긴 적은 없었다. 어떤 식으로든 개인의 자유를 억압하는 국가체제는 정보가 빛의 속도로 흐르는 오늘날에는 유지되기 어렵다.

부탄이 근대화를 목표로 하지 않는 한 현재의 '행복한 국가'를 계속 유지할 수 있을지는 모르겠다. 하지만 이를 위해 부탄은 앞으로도 자국으로 흘러 들어가는 정보와 사람의 흐름을 제한하는 쇄국을 계속해야 할 것이다. 한국과 일본 같은 나라가 '행복국가'의 모범사례로 '부탄의 GNH'를 참고하는 것은 별로 바람직하지 않아 보인다.

미국에 대한 꿈과 환상

일본에서 외국이라고 하면 미국을 떠올리는 사람이 많다. 최근 미국 방문자 수로 중국과 한국에 따라잡혔지만 아직도 매년 300만 명가량의 일본인이 미국을 방문한다.

일본인의 70%는 미국에 긍정적인 이미지를 갖고 있다. 이 수치는 세계적으로 높은 수준이다. 제2차 세계대전 후 미국에 점령 통치된 일본이지만 아직도 미국을 동경의 대상으로 보는 사람이 많다. 군사적으로 미일안전보장조약에 따라 미국이 일본의 방위를 분담하고 있는 사실만 봐도 미국 없이 일본의 미래를 생각하기란 쉽지 않다.

나에게도 미국은 동경의 대상이었다. 그래서 나는 미국 대학에 유학했고 미국계 증권회사에 취직했다. 뉴욕에 머물 때는 매일 아침 《월스트리트 저널》을 끼고 출근하며 세계 경제의 중심부에 있다는 걸 자랑스러워하며 살았다.

그러나 입사 후 시간이 지날수록 나는 미국의 과도한 소비문화에 심한 위화감을 느꼈다. 금융의 세계, 자본주의 중에서도 가장 자본주의적인 증권업계에서 일을 하면서 나는 자본주의의 가장 추악한 면을 직접 목격했다.

미국은 필요 이상으로 소비를 부추기는 사회다. 소비가 소비를 낳고 사람들은 더 많은 소비를 위해 일을 한다. 이런 미국 문화에 참을 수 없는 경박함을 느끼며 미국에 대한 나의 동경은 식어갔다.

세계여행을 시작하면서 나는 미국이 매우 복잡한 입장에 놓여 있다는 걸 실감할 수 있었다. 내가 만난 사람들 대부분은 생각보다 훨씬 더 미국이라는 나라를 싫어했다.

이슬람 국가들이 미국을 혐오하는 것은 주지의 사실이다. 중동과 파키스탄에서 현지인들과 이야기를 나눌 때는 미국을 욕하는 말이 반드시 튀어나왔다. 아프리카에서도 사정은 별로 다르지 않았다. 중동과 아프리카에서 미국인을 만날 일은 거의 없었다. 미국인이라는 이유 하나만으로 테러의 표적이 되는 그런 곳을 여행하는 미국인은 거의 없었기 때문이다.

유럽인들 중에도 미국에 호감을 갖고 있는 사람은 많지 않았다. 좀 더 정확히 얘기하면 유럽인들은 미국을 싫어한다기보다 얕잡아본다는 느낌을 받았다.

중남미에서도 반미 풍조는 여전했다. 냉전시대, 사회주의에 경도됐던 중남미 국가들은 미국이 지원하는 세력에 의해 속속 전복된 경험을 갖고 있다. 중남미 사람들의 기억 속에는 그런 역사가 생생히 남아 있었다.

그럼에도 불구하고 세계 각지에서 아메리칸 드림을 꿈꾸는 수많은 사람들이 지금도 미국으로 건너가고, 매년 100만 명 이상이 미국의 영주권을 획득하고 있다. 미국은 그렇게 선망과 증오를 동시에 받는 아주 특이한 나라다.

미국인의 행복지수는 어떨까. 월드 밸류 서베이(WVS) 조사에서는 97개국 중 15위, 월드 데이터 베이스 오브 해피니스(WDH)는 148개국 중 20위, 레스터 대학 조사에서는 178개국 중 18위로 상당히 높은 편이다.

부패인식지수[16]는 178개국 중 19위로 투명한 나라다. 남녀평등지수는 134개국 중 31위로 비교적 남녀평등이 실현된 사회다. 인간개발지수는 177개국 중 12위이고, 생활의 질 지수는 100개국 중 13위다.

실업률은 2008년 '리먼 사태' 이후 10% 전후까지 치솟았지만 평균적으로는 프랑스나 이탈리아 등 라틴계 유럽 국가들보다는 낮은 수준이다. 특히 미국의 노동시장은 매우 유연하기 때문에 라틴계 유럽이나 중남미 등에 비해 장기 실업자 수가 적다. 그러나 빈부격차는 선진국 중 가장 크고 중남미와 거의 비슷한 소득격차를 보이고 있다.

16　국제투명성기구(TI : Transparency International)에서 매년 발표하는 국가별 부패 순위. 줄여서 '부패지수'라고도 한다

종교에 마음 둘 곳을 찾는 나라

　신앙이 퇴조하는 시대 흐름 속에서도 미국인의 신앙심은 매우 깊다. 이는 미국을 특징 짓는 것 중 하나다.
　미국인의 78%는 개신교(프로테스탄트)와 가톨릭 등 기독교도다. '신(神)이 인생에서 어느 정도 중요한가'라는 설문조사에서 미국인의 58%는 '매우 중요하다'고 응답했다. 같은 질문에 일본은 6%, 스웨덴 8%, 프랑스 11%, 영국 23%로 상당히 낮은 수준이다.
　미국인의 42%는 주 1회 이상 교회에 나간다. 앨라배마 주[17]에서는 주민의 58%가 주 1회 이상 교회에 나가는 것으로 조사됐다.
　최근 선진국들은 경제발전과 함께 신앙심이 얕아지는 경향을 보이고 있다. 하지만 미국은 예외다. 미국인들이 깊은 신앙심을 유지할 수 있는 배경은 무엇일까. 그 이유 중 하나로 전문가들은 기독교가 미국 내에서 수없이 많은 계파로 나뉘어 있는 걸 꼽는다.
　신천지를 찾아 미국에 건너온 사람들은 헌법에 보장된 '신앙의 자유'를 마음껏 누린다. 로마 교황이 절대 지위를 갖고 있는 가톨릭과 달리 개신교는 교회의 권위를 부정하고 스스로 성서를 해석하도록 권한다. 성서의 해석이 자유로워진 개신교는 여러 종파로 나뉘었고 이들 종파는 변화하는 시대에 적응하는 과정에서 때론 기독교 정신에서 벗어난 단체도 만들었다.
　권위와 전통이 중요한 가톨릭과는 달리 시대에 흐름에 맞게 진화를 거듭해온 개신교는 미국에서 수많은 신도를 확보할 수 있었다. 이는 어

17　앨라배마 주는 미국 바이블 벨트의 중심으로 불릴 정도로 신앙심이 깊기로 유명하다. 주민의 80%가 개신교, 6%가 가톨릭을 믿는다.

미국의 종교 분포

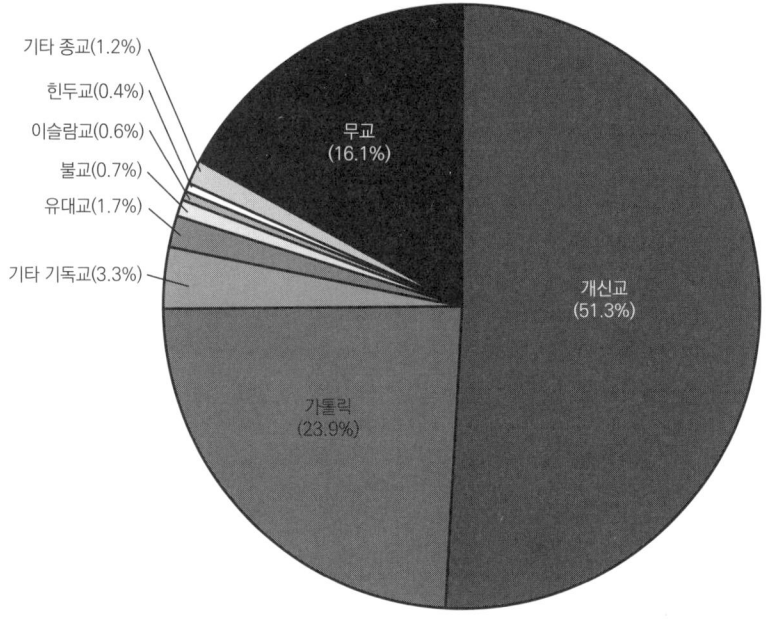

쩌면 비즈니스에 일가견이 있는 미국의 특징일지 모르겠다.

현재 미국에서는 일부 특정 종교 계파가 케이블 전용채널을 운영할 정도로 종교 세력이 거대하게 성장했다. 미국에서의 종교는 단순한 신앙 차원에서 끝나지 않고 정치 세계에도 깊이 관여하고 있다. 각 정당은 물론 대통령까지도 종교단체를 무시한 정책을 펼칠 수 없다. 종교의 정치 세력화가 급속히 진행돼 있는 것이다.

남부 지역에서는 기독교 원리주의 세력의 힘이 강하다. 또 몇몇 주에서는 다윈의 진화론과 함께 『구약성서』의 창조론 교육을 의무화하고 있다. 조지 W. 부시 전 대통령이 기독교 원리주의자였던 것은 잘 알려진 사실이다.

극단적 소비사회에 대한 반작용으로 미국인들이 종교에 마음 둘 곳을 찾고 있다는 얘기도 있다. 긍정심리학의 창시자인 마틴 셀리그먼(Martin E. P. Seligman)[18] 펜실베이니아 대학 교수는 "안일한 소비행위가 우울증의 가장 큰 원인"이라고 주장했다.

미국에서는 마치 '쇼핑을 하면 행복해진다'고 얘기하듯 노골적으로 소비를 부추기는 광고가 생활 주변에 넘쳐난다. 미국인들에게 대형 쇼핑몰에 가는 건 일상의 오락이자 큰 기쁨이고, 그 자체가 '미국 문화'다.

사실 지금까지 일본, 한국 등과 같이 수출로 먹고 살아온 나라들은 미국의 광적인 소비에 의존해 경제를 발전시켜왔다. 하지만 2008년 '리먼 사태' 이후 미국인의 소비는 급격히 감소하고 있다. 당분간 세계경제는 중국과 브라질 등 신흥 경제 대국의 소비에 의존할 수밖에 없을 것이다. 그렇다고 미국의 소비가 끝났다고 보는 것은 잘못된 생각이다. 머지않아 미국인들은 다시 물건을 사들이기 시작할 것이다. '소비중독'에서 벗어나기란 쉬운 일이 아니다. 자신이 소유한 물건에 거꾸로 지배당한 사람이 많은 것도 현재 미국의 특징 중 하나다.

다양한 인종이 섞여 있는 미국이지만 '아메리카 시스템' 속에 녹아들면 그냥 미국인이다. 이 시스템은 세계 각국으로부터 우수한 인재를 끌어들여 성공한 사람에게는 막대한 보수를 안기는 게 특징이다.

실리콘밸리에서 시작된 IT혁명도 원래는 인도인, 이스라엘인 등 뛰어난 외국인들이 중심이 되어 촉발됐다. 노벨상 수상자의 국적을 보면 미국이 압도적으로 많다. 하지만 수상자 중 많은 사람이 순수 미국인이 아니다.

---

18 긍정심리학의 창시자로 불린다. 그는 비관주의에 빠져 있는 사람들의 상황 해석과 언어 표현 습관을 긍정적, 낙관적으로 바꿈으로써 누구나 희망에 찬 낙관주의자가 될 수 있다는 '인지적 치료법'을 개발했다. 미국 심리학회 회장을 역임했으며, 현재 펜실베이니아 대학교 심리학과 교수로 재직 중이다.

아메리카는 이른바 '아메리카 시스템'에 도전하려는 전 세계인들의 힘을 시험하는 곳이다. 이 시스템이 유지되는 비결은 비정한 경쟁이다. 아메리카 시스템의 승자가 만들어낸 새로운 발견과 아이디어는 순식간에 전 세계로 퍼져 지혜와 기술을 향상시킨다.

하지만 패자에게는 냉혹한 현실이 기다리고 있다. 패자를 위한 사회보장 시스템은 없다. 만약 미국에서 경쟁에 패해 홈리스가 된다면 인도의 홈리스보다 훨씬 더 가혹한 인생을 살아야 할 것이다.

미국은 '세계에서 가장 좋은 것'과 '가장 나쁜 것'을 동시에 배출하는 나라다. 만약 누군가가 내게 "10대로 돌아가 미국에서 살고 싶은가?"라고 물으면 당연히 "그렇다"고 대답할 것이다. 하지만 지금은 아니다.

미국은 인간이 추구할 이상 사회가 아니다. 한국이나 일본 같은 나라가 미국처럼 돼야 한다고 생각하지도 않는다. 그렇다고 '아메리카 시스템'을 부정하고 싶은 마음도 없다. 극단의 경쟁과 함께 엄청난 보상이 주어지는 그런 사회는 호기심 많고 무엇이든 최고를 원하는 사람들에겐 여전히 매력적인 곳임이 분명하기 때문이다.

아프리카의 암울한 현실

검은 대륙 아프리카. 54개국에 10억 명의 인구를 갖고 있는 아프리카는 세계에서 가장 가난하고 빈부격차와 부패가 심한 곳이다. 남녀 간 격차도 매우 크다. 정치적으로 불안정해 언제나 쿠데타와 내전의 위험에 노출돼 있다. 소말리아는 1991년부터 20년간 사실상 무정부 상태였다. 최근 소말리아가 해적의 본거지가 된 것은 이 때문이다.

아프리카의 범죄발생률과 살인율은 세계 최고다. 남아프리카공화국에서는 매년 10만 명당 37.3명이 살인범죄로 목숨을 잃는다. 미국이 10만 명당 5.4명, 영국은 1.2명, 일본이 0.4명이니까 일본의 93배에 달한다. 문자해독률도 세계에서 가장 낮다. 부르키나파소 국민 76%는 문자를 읽지 못한다. 실업률은 천문학적이다. 국민 40~50%가 실업 상태여도 아프리카에서는 특별하지 않다. 짐바브웨의 실업률은 94%에 달한다고 한다.

게다가 대부분 나라의 평균수명이 50세 이하다. 스와질란드의 평균수명은 31.9세. 이는 세계에서 가장 높은 출산율과 유아사망률 때문이다. 니제르의 출산율은 7.19명이지만 아프리카 전체 유아사망률은 선진국의 30~50배에 달한다.

아프리카 성인의 11%는 에이즈를 일으키는 HIV 바이러스 보균자로 알려져 있다. 보츠와나, 짐바브웨, 스와질란드에서는 성인의 30% 이상이 HIV 보균자라고 한다. 남아프리카공화국 타보 무베키 전 대통령은 몇 년 전까지 HIV가 에이즈를 발생시키는 원인이라는 걸 공식적으로 부정했다. 이렇듯 비참한 현실을 보면 아프리카의 행복지수가 세계에서 가장 낮은 것은 놀랄 일이 아니다.

사실 아프리카에는 매년 거액의 돈이 쏟아져 들어오고 있다. 식민지 시대의 죄책감으로 거액의 기부와 원조를 하는 유럽은 물론 세계 각국에서 보내는 기부금, 개발원조금 등을 합하면 천문학적인 액수다. 거기에 풍부한 천연자원은 신의 선물이다. 그럼에도 불구하고 아프리카의 불행은 계속되고 있고 미래 역시 불투명하다.

아프리카가 안고 있는 문제는 간단히 해결할 수 있는 게 아니다. 특히 부족 간의 분쟁은 여러 측면에서 걸림돌로 작용하고 있다. 아프리카 대륙에는 2천 개가 넘는 부족이 있고, 각 부족마다 고유의 언어와 문화를 갖고 있다. 아프리카인의 정체성은 국적이 아니라 부족에 대한 귀속감에서 나온다.

아프리카 국가 대부분은 과거 유럽의 식민지였다. 당시 유럽은 각 부족의 분포를 전혀 고려하지 않은 채 국경선을 설정해버렸다. 국경선이 자로 잰 듯 직선인 이유는 이 때문이다. 부족 간 분쟁이 국경을 넘어 끊임없이 벌어지는 건 어쩌면 당연한 일일지 모른다.

부족 간 대립과 함께 천연자원을 둘러싼 쟁탈전이 더해져 극심한 내전으로 번진다. 1990년대 초 르완다에서는 부족 간 내전이 확산되면서 100만 명에 달하는 인명이 학살됐다. 수단 남부의 다르푸르 지방에서는 지금까지 200만 명의 사망자가 발생했다는 얘기도 있다.

정치적인 불안정으로 아프리카 국가들의 전체 예산 대비 군사비 지출 비율은 필연적으로 증가할 수밖에 없다. 게다가 부패한 권력 때문에 총군사비의 40%에 달하는 원조국 지원금이 유용되는 것으로 알려져 있다. 군대 무기의 일부는 저임금에 시달리는 병사들이 몰래 암시장에 내다 팔고, 그 무기는 결국 반정부군의 손에 흘러 들어가 내전의 위험이 높아지는 악순환이 계속되고 있는 것이다.

독재정권이 많은 것도 아프리카 국가들의 특징이다. 짐바브웨는 1980년 영국으로부터 정식 독립한 이후 현재까지 로버트 무가베 대통령이 정권을 유지하고 있다. 무가베는 2000년부터 백인이 소유한 대농장을 강제 몰수해 흑인 농민들에게 재분배했다. 백인에게서 착취 받던 흑인의 손에 토지를 되돌려준다는 명분이었다. 그러나 농장 경영의 노하우가 없어 농작물 생산량이 급감하는 바람에 식량위기를 맞기도 했다. 그 결과 주력 수출품목이던 농작물을 수입에 의존하면서 외화부족 상태에 빠져 살인적인 물가상승을 불렀다. 2009년 짐바브웨의 연간 물가상승률은 2억%였다. 내가 짐바브웨에 머문 수 주일 동안에도 식료품 가격은 매일 급등했다.

1990년 60세였던 평균수명은 2009년에 43세까지 떨어졌고 유아사망자 수는 1.5배 상승했다. HIV 감염자는 인구의 10% 이상 될 것으로 추정되고 있다.

선거는 형식적으로만 치러졌고 무가베 대통령을 반대하는 세력은 폭력으로 제압당했다. 내가 만난 짐바브웨 서민들은 대부분 포기한 듯 어깨를 움츠렸다. 이런 상황을 비난하는 서구의 나라들을 향해 무가베는 지금도 서양의 가치관을 강요한다며 반발하고 있다.

막대한 원조의 행방

부족 내 결속이 강한 아프리카 사람들은 동아시아와는 또 다른 종류의 집단주의 성향을 갖고 있다.

아프리카에서는 부족의 누군가가 금전적으로 성공하면 가족뿐 아니라 친척까지 돌보는 걸 당연한 의무로 생각한다. 또 출산율이 높기 때문에 친족만으로 하나의 커뮤니티가 형성된다. 일부다처제 부족도 많아 엄청난 숫자가 친족으로 묶이게 된다.

가족과 친척을 돌본다는 것은 일종의 사회복지 역할을 하는 측면도 있다. 성공한 친족의 일원에게 의존하는 사람들은 도움 받는 것 자체를 당연한 권리로 여긴다. 선진국으로부터 원조를 받는 것도 당연한 일이다. 때문에 자연스럽게 자립 의지도 약하다.

세계 각국에서 모인 막대한 원조금이 중간에 횡령과 유용으로 사라지는 것은 아프리카에선 매우 흔한 일이다. 다만 한 사람이 그 돈을 모두 쓰진 않고 가족이나 친족 전체와 나눈다. 정부 내 실권을 가진 사람은 자신이 속한 부족을 지원한다. 이것이 부패가 만성화하는 메커니즘이자 아프리카의 발전을 가로막는 거대한 장애물이다. 광대한 토지와 광물자원, 아름다운 자연에 둘러싸인 대륙이지만 아프리카의 발전 가능성은 거의 없어 보인다.

극도의 빈곤상태에서 행복해지길 바라는 것은 무리다. 때문에 어느 정도의 경제발전은 반드시 필요하다. 그러나 아프리카 국가들은 그런 최소한의 경제발전 수준에도 미치지 못하고 있다는 게 문제다.

내가 만난 아프리카 사람들은 소박하고 따뜻했다. 나의 주관이지만 세계에서 가장 친절한 나라는 세계에서 가장 가난한 수단이다. 한 번도 만난 적 없는 여행객을 집으로 불러들여 소박하지만 그들에겐 화려한 식사를 제공해준 이들도 많이 만났다.

그들을 가까이서 보니 실제 생활이 통계상에 나타나는 것만큼 가혹하진 않았다. 전기도 안 들어오고, 매일 우물물을 기르기 위해 왕복 2시간 이상 걸어야 하는 상황에서도 수단 사람들은 언제나 웃음 띤 얼굴이었다. 다 떨어진 옷을 입은 아이들은 항상 떠들썩하게 뛰어놀았다. 아프리카의 시간은 그렇게 천천히 흘렀다.

두 개의 행복국가 모델

자유롭게 인생을 즐기다, 라틴아메리카형

현재 지구상에 존재하는 행복국가 모델은 두 가지로 정리된다. 하나는 '라틴아메리카형', 다른 하나는 '북서유럽형'이다.

중남미 국가들의 행복지수는 대부분 높다. 라틴아메리카 사람들은 자신이 세상에서 가장 자유롭게 살고 있다고 생각한다. 또 인생을 즐기는 게 매우 중요하다고 생각하는 사람이 많다.

반면 실업률과 범죄발생률도 매우 높다. 특히 빈부의 격차는 세계에서 가장 큰 편이다. 사회의 부패도 역시 비교적 높고, 다른 나라와 비교해 수치가 낮은 것은 자살률과 경제 생산성 정도다.

요약하면 이렇다. 라틴아메리카인들은 매일 범죄를 걱정하고 일도 없으며, 사회는 부패가 횡행하고 노력이 통하지 않아 생산성이 낮다. 사회 전체의 부(富)는 축적돼 있지 않다. 하지만 사람들은 자신이 세상에서 가장 자유롭다고 느끼고 인생을 즐기는 것이 중요하다고 생각해 매우

GDP와 행복지수

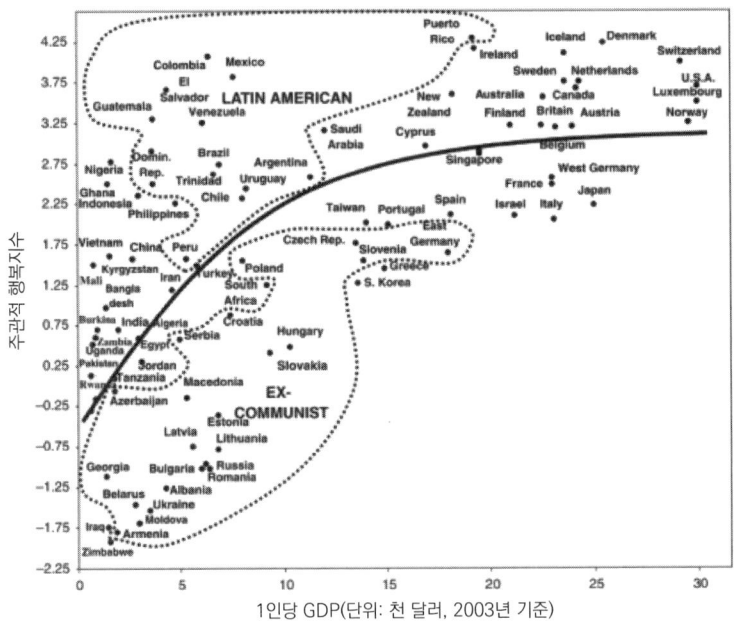

1인당 GDP(단위: 천 달러, 2003년 기준)

높은 행복감을 누린다. 도대체 어떻게 된 일인가.

중남미 국가 대부분은 스페인어를 공용어로 쓴다. 포르투갈어를 쓰는 브라질, 영어를 쓰는 가이아나, 프랑스령인 기아나 정도가 예외다. 나라에 따라 차이가 있지만 기본적으로 스페인 등 유럽 이민자와 '네이티브 아메리칸'으로 불리는 원주민, 아프리카 흑인으로 구성돼 있다.

아르헨티나, 우루과이, 콜롬비아는 인구의 80% 이상이 백인이고, 푸에르토리코는 75%, 브라질은 54%, 칠레는 53%, 쿠바는 37%가 백인이다. 혼혈도 많아 '메스티조'로 불리는 백인과 원주민의 혼혈은 엘살바도르 91%, 온두라스 86%, 니카라과 78%, 파라과이 75%, 베네수엘라 65%, 콜롬비아 60% 등이다.

'물라토'로 불리는 백인과 흑인의 혼혈도 많다. 도미니카공화국 75%,

쿠바 51%, 브라질 39% 등이다. 과거 노예로 끌려온 아프리카 흑인들은 많은 혼혈 자손을 남겼다.

라틴아메리카 주민의 대다수는 가톨릭교도다. 이들 중 상당수가 매주 교회에 갈 정도로 신앙심이 깊은 것이 라틴아메리카의 특징이다. 같은 기독교라도 가톨릭과 개신교(프로테스탄트)는 큰 차이가 있다.

로마 교황이 최고권위자인 가톨릭은 위계질서가 엄격하다. 성서의 해석은 교회가 결정한다. 즉 피라미드식 권위주의 조직을 갖고 있는 가톨릭은 교회가 규칙을 정하고 신자의 행동을 구속함으로써 교회의 권위를 지킨다. 로마 교황은 물론 교회에 대한 비판은 금물이다. 생활에서는 임신중절, 이혼은 물론 피임까지 금지한다.

반면 개신교는 하느님과 의사소통하는 데 반드시 교회를 통할 필요가 없다는 입장을 취한다. 때문에 교회에 대한 권위는 존재하지 않는다. 개신교에서는 스스로 성서를 읽고 해석하는 것을 막지 않기 때문에 사물에 대한 비판석 사고가 자연스럽게 생겨난다. '이의를 제기하는 사람'이라는 뜻의 '프로테스탄트(protestant)'는 원래 가톨릭에 대한 비판에서 출발했다. 때문에 권위에 대한 반감은 아주 자연스런 흐름이다.

돈을 대하는 태도도 두 종교는 다르다. 가톨릭교도에게 돈은 기본적으로 더러운 것이지만 프로테스탄트에게는 그런 관념이 없다.

미국 하버드 대학 명예교수인 데이비드 란데스(David Landes)는 『국가의 부와 빈곤』이라는 책에서 막스 베버의 이론을 인용하며 16세기에 시작된 프로테스탄트의 종교개혁이 어떻게 18세기 산업혁명을 일으키는 기반이 됐는지 잘 설명하고 있다.

스스로 성서 읽기를 장려한 프로테스탄트는 문맹을 줄이고 로마 교황의 권위에 대한 부정을 촉발시켰다. '왜?'라고 묻는 프로테스탄트의 회의주의는 과학기술 발전의 토대가 됐다. 근면 성실하고 합리적으로 사고하는 생산적 인간이 등장한 것이다.

이에 반해 가톨릭을 고수한 스페인과 포르투갈은 교회의 권위를 지키기 위해 나라의 문을 더 굳게 닫아버렸다. 이교도의 출판을 금지했고 국내인의 해외 유학도 금지시켰다. 이렇게 가톨릭 교회는 점점 더 보수적으로 변해갔다.

프로테스탄트의 영향을 덜 받은 가톨릭의 대륙

산업혁명 이전 세계는 아메리카 대륙을 발견한 스페인과 포르투갈이 지배했다. '황금의 세기'로 불리던 15~17세기 스페인과 포르투갈의 경제활동은 식민지로부터 금과 은 등을 들여오는 것이 거의 전부였다. 즉 새로운 부를 거의 창출하지 못했다는 뜻이다.

이와 달리 프로테스탄트가 중심이 된 18세기 산업혁명은 말 그대로 생산성의 혁명이었다. 산업혁명 후 세계경제는 부의 축적을 터부시하지 않는 프로테스탄트에 의해 바뀌어갔다. 그들은 새로운 부가가치를 창출하며 거대한 부를 축적해갔다.

모든 것을 교회의 권위에 맡기는 가톨릭과 달리 프로테스탄트의 합리성은 유럽 전체로 퍼져 나갔다. 그 결과 스페인과 포르투갈의 경제는 점점 쇠퇴했고 가톨릭 교회의 권위도 곤두박질쳤다.

현재 이탈리아와 스페인, 포르투갈 인구의 90%, 프랑스 국민의 50%는 가톨릭교도다. 그런데 주 1회 이상 교회에 가는 인구는 가톨릭의 총본산 바티칸이 있는 이탈리아가 32%, 포르투갈이 36% 정도로 약간 높은 편이지만 스페인은 16%, 프랑스는 7%에 불과하다.

더욱이 '신이 인생에서 중요한가'라는 설문조사에서 '매우 중요하다'고 응답한 비율은 이탈리아가 34%, 스페인이 13%, 프랑스는 11%밖에 되

가톨릭교도 분포

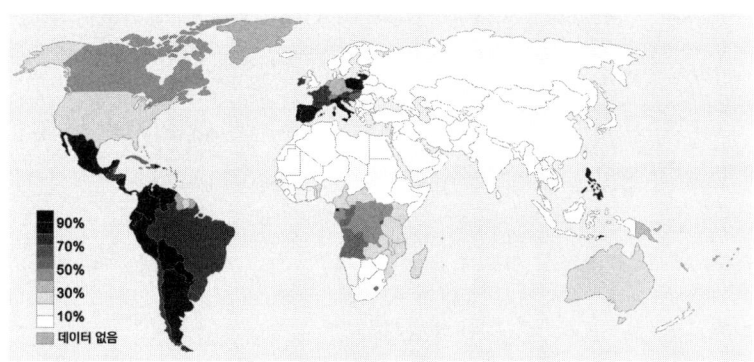

(World Map of Catholic Populations by York St John Re PACE)

지 않는다. 프로테스탄트가 많은 유럽 국가들은 이보다 더 낮다. 스웨덴은 8%, 독일과 네덜란드는 10% 수준이다. 유럽에서 '신앙의 퇴조' 흐름이 급속히 진행되고 있음을 단적으로 보여주는 수치다.

반면 가톨릭 교회가 권위와 권력을 더욱 확대해간 곳이 중남미다. 19세기 이후 급격한 산업화가 인간의 일상생활과 라이프스타일을 변화시켰지만 유럽에서 멀리 떨어진 중남미 대륙의 세계관을 바꿔놓지는 못한 듯하다.

지금도 멕시코인의 90%, 콜롬비아인의 82%, 브라질인의 80%, 과테말라인의 60%는 가톨릭교도로, 주 1회 이상 교회에 가는 비율도 과테말라 70%, 브라질, 멕시코, 콜롬비아가 50%에 달한다. 이는 유럽 국가들에 비해 상당히 높은 수치다.

'신이 인생에서 매우 중요하다'고 응답한 비율은 브라질과 콜롬비아가 90%에 이르고 멕시코 80%, 칠레 61%, 아르헨티나가 58%로 매우 높다. 이처럼 신앙심 깊은 가톨릭교도가 많은 것이 라틴아메리카를 라틴아메리카답게 만드는 특징 중 하나라 할 수 있다.

종교를 갖고 있는 사람은 신앙을 통해 행복을 구한다. 물론 신앙심 깊은 가톨릭교도가 많아서 라틴아메리카 국가들의 행복지수가 높다고 단정할 수는 없다. 행복감을 주는 의식과 사회 구조가 뒷받침돼야 한다.

라틴아메리카 사람들의 가장 큰 특징은 신앙심 깊은 가톨릭교도이지만 타인의 생각과 행동에 관대하다는 것이다. 많은 라틴아메리카 국가들은 동성 결혼을 법적으로 인정한다. 남녀평등에서도 서구 유럽에 뒤지지 않는다. 또 '사회적 분위기'를 명분으로 개인의 자유를 구속하지 않는다. 이는 라틴아메리카 사람들이 전 세계에서 '삶의 자유'를 가장 만끽한다는 조사 결과에서도 확인된 것이다.

가톨릭 교회는 라틴아메리카 사람들에게 어떤 영향을 줬을까.

가톨릭의 영향이 강한 환경에서는 프로테스탄트의 합리성과 비판적 사고를 받아들이기 어렵다. '노동이 미덕'이라는 관념도 비교적 약하다. 그러다 보니 경제적 부의 축적을 터부시하는 경향을 보인다. '근면하다고 해서 성공하지 못하며 연줄과 운이 더 중요하다'고 생각하는 사람의 비율이 유독 라틴아메리카에서 높은 것도 그런 연유일지 모르겠다.

설문조사 결과 아르헨티나 국민의 약 17%, 콜롬비아 16%, 브라질 13%, 페루 국민의 11%가 '인생에서 근면함은 별로 필요가 없다'고 생각하는 것으로 나타났다. 이는 미국이나 북유럽보다 8배 이상 높은 비율이다.

라틴아메리카 지역 이외에 '근면함이 중요하지 않다'고 생각하는 사람이 많은 나라는 러시아(16%)와 인도(13%) 정도다. 이런 나라에서는 실력이 경시되고 연줄과 운을 중요시한다. 그러다 보니 뇌물이 횡행한다. 실제로 러시아와 인도, 라틴아메리카 여러 나라의 부패지수는 매우 높다. 근면 성실함이 바보 취급 받는 악순환은 여기서 출발한다.

돈 많은 집에서 태어나 유유자적 사는 게 성공한 삶

한 국가가 어느 정도 부패했는지 조사해 발표하는 비정부조직 '국제투명성기구(Transparency International)'[19]의 부패인식지수(CPI)에 따르면 소말리아, 수단, 차드 등 아프리카 국가들과 아프가니스탄, 이라크, 이란 등 중동 국가들의 부패도가 높다.

또 아이티공화국, 베네수엘라, 파라과이 등 중남미 국가들의 부패지수도 상당히 높은 편이다. 남미 국가들 중에서는 칠레, 우루과이가 선진국과 비슷한 부패도를 보이지만 서유럽과 비교해보면 아직 상대가 되지 않는다.

일본의 부패지수는 178개국 중 17위로 비교적 낮다. 세계에서 가장 부패가 적은 나라 순위를 보면 1위 뉴질랜드, 2위 덴마크, 3위 싱가포르, 4위 스웨덴, 5위 스위스 등으로 역시 북서유럽 국가가 상위를 점하고 있다.

일본과 마찬가지로 미국과 영국에서도 1세대 기업인들은 사회적으로 존경을 받는다. 소니, 도요타, 혼다 등 세계 일류기업의 창업자들은 거의 신적인 존재다. 성공한 기업가와 일류기업에서 최고 자리까지 올라간 사람을 성공한 사람으로 인정해주는 경향이 있기 때문이다. 그러나 라틴아메리카에서는 조금 다르다.

아르헨티나에서는 돈이 많은 집에서 태어나 일을 하지 않고 유유자적하며 사는 것이 성공의 한 형태라고 한다. 성실하게 일해도 소용없다고 생각하는 사람이 많은 것도 이런 풍조 때문이다. 물론 성공한 기업가는

---

19 국제투명성기구(TI)는 독일에 본부를 두고 부패 방지를 위해 활동하고 있는 비정부 조직(NGO)이다. CPI는 해당국 공무원과 정치가가 어느 정도 부패했는지 각종 앙케트 조사를 통해 산출된 지수다. 가장 부패했으면 0, 가장 깨끗하면 10까지 범위에서 채점된다.

라틴아메리카에도 존재한다. 그러나 사람들의 주된 관심은 어떻게 하면 인생을 즐길 수 있느냐에 맞춰져 있다.

칠레의 수도 산티아고에는 교복을 입은 중학생 정도의 아이들이 거리에서 구걸하는 걸 볼 수 있다. 직접 확인해보니 학교에 다니는 보통 학생이었다. 그 아이들은 유흥에 필요한 돈을 벌기 위해 거리에서 구걸을 하고 있었다.

놀랍게도 지나가는 어른들은 아무렇지도 않게 그 아이들에게 동전을 던져줬다. 칠레인 친구는 "부끄러운 짓"이라며 탄식했다. 하지만 이런 일이 아무렇지 않게 받아들여지는 것 자체가 많은 사람들이 별로 부끄럽다고 느끼지 않는다는 걸 반증한다.

라틴아메리카 사람들은 일이 없어 돈을 벌지 못해도 '어떻게든 되겠지'라며 웃어넘긴다. '낙천성'이 바탕에 깔려 있기 때문이다. 이상한 점은 그럼에도 사회는 굴러간다는 것이다.

같은 라틴계라도 유럽 국가들과는 달라

같은 라틴계이자 가톨릭교도가 많은 유럽의 스페인, 이탈리아, 포르투갈은 라틴아메리카처럼 행복지수가 높을까? 예상과는 달리 이들 나라의 행복지수는 서유럽 국가 중 가장 낮다.

이탈리아와 포르투갈에는 가톨릭교도가 많다. 실업률이 만성적으로 높은 것도 라틴아메리카와 비슷하다. 그러나 1인당 GDP는 라틴아메리카보다 훨씬 높고 사회복지 시스템도 잘 갖춰져 있다. 부패와 범죄도 적은 편이다.

라틴아메리카의 조상은 스페인과 포르투갈이다. 같은 조상을 가진 사람들이 멀리 떨어진 땅에서 다른 환경, 다른 교육을 받으며 살아온 것이다. 그런데 라틴아메리카의 행복지수가 더 높은 건 왜일까. 왜 유럽의 라틴계 국가 사람들은 별로 행복하지 못한 걸까.

먼저 지리적인 조건을 따져보자. 스페인, 이탈리아, 포르투갈은 다소 이질적인 유럽 국가들과 국경을 맞대고 있다. 이탈리아 수도 로마에서 스위스 수도 베른까지는 850킬로미터밖에 되지 않는다. 도쿄에서 히로시마까지의 거리에 불과하다. 또 스페인 마드리드에서 네덜란드의 암스테르담까지는 1천500킬로미터로 삿포로에서 가고시마 정도의 거리다.

이 지역에 유럽연합만으로 27개, 유럽 지역 전체에는 54개국이 존재한다. 이 정도로 인접국이 많으니 인적 교류가 활발한 건 당연한 일이다.

가톨릭 총본산 바티칸을 수도 로마의 중심에 두고 있는 이탈리아와 인접국 스페인, 포르투갈은 가톨릭의 권위적이고 보수적인 윤리관은 물론 합리적이고 근면 성실한 프로테스탄트 윤리관에도 영향을 받았다. 다시 말해 유럽의 라틴 국가 사람들은 가톨릭교도이면서 프로테스탄트의 합리주의를 강하게 요구 받고 있다는 뜻이다. 때문에 돈과 노동에 대한 윤리관도 혼재돼 있다.

유럽의 라틴 국가의 실업률은 다른 유럽 국가에 비해서도 상당히 높다. 특히 국가의 보호를 받는 노동시장은 유연성이 떨어져 청년 실업률을 끌어올렸다. 스페인의 25세 이하 청년 실업률은 2011년 2월 기준으로 45%에 달한다.

유럽에서 10만 킬로미터 이상 떨어진 지구 반대편 라틴아메리카에서라면 실업의 고통이 아무리 크더라도 인생을 즐기려는 '낙천성'을 막진 못했을 것이다. 하지만 이탈리아, 스페인, 포르투갈에서는 인접국의 근면 성실한 사람들의 영향을 받아 라틴아메리카와 같은 낙천적인 사회 분위기를 찾아볼 수 없다.

부패지수를 보면 스페인과 포르투갈이 유럽 최하위, 이탈리아는 선진국 중 최저 수준이다. 남녀평등지수는 포르투갈과 이탈리아가 서유럽에서 최하위다. 즉 선진국 중 유럽의 라틴 국가들은 개인에 대한 '사회적 관대함'이 떨어진다는 얘기다.

물론 이들 나라를 지배했던 전체주의 체제가 '사회적 관대함'에 악영향을 미쳤을 것이다. 스페인은 1975년, 이탈리아는 1946년까지 전체주의 국가였다.

유럽의 라틴 국가라고 해서 행복 수준이 같은 건 아니다. 남녀평등이 진전돼 있고 교육수준이 높은 스페인은 행복지수도 비교적 높은 수준을 유지하고 있다. 신앙심도 그다지 깊은 편이 아니다. 주 1회 이상 교회에 가는 인구는 15%밖에 되지 않고 교회에 전혀 다니지 않는 인구가 47%나 된다.

이탈리아와 포르투갈의 행복지수가 서유럽 국가들에 비해 낮다고 해도 동아시아 국가들보다는 높거나 비슷한 수준이다.

라틴아메리카 국가들의 행복지수가 높다고 해서 유럽의 라틴 국가가 라틴아메리카처럼 될 수는 없다. 또 행복국가 모델로서 바람직한 방향도 아니다.

'라틴아메리카형' 행복국가는 중남미의 특수한 지리적 조건과 역사가 만든 것이지 다른 나라가 따라 할 수 있는 게 아니다. 또 라틴아메리카 국가들도 언제까지 그런 '낙천성'을 유지할 수 있을지 의문이다.

인생을 즐기는 것을 무엇보다 중히 여기는 사회 분위기에서는 필연적으로 변화의 스피드가 떨어질 수밖에 없다. 현실 생활에 만족하기 때문에 변혁에 힘을 쏟는 노력을 기울일 필요가 없기 때문이다.

자유로운 개인들이 만드는 행복국가, 북서유럽형

각종 기관의 행복지수 조사에서 항상 상위 순위인 나라는 북서유럽 국가들이다. 덴마크, 노르웨이, 스웨덴, 핀란드, 아이슬란드 등 북유럽과 스위스, 오스트리아, 네덜란드 같은 서유럽국이다.

1인당 GDP는 물론 평균수명, 교육지수, 성인 문자해독률, 총취학 지수에서도 항상 상위를 점하고 있다. 또한 부패 정도나 범죄율 역시 매우 낮다. 남녀평등도 잘 진전돼 있다. 여성 국회의원 비율은 전체 의원의 40~50%나 된다.

최근 출산율은 감소하고 있지만 그래도 1.7~1.9명으로 다른 나라에 비해 높은 편이다. 무엇보다 개인 간 소득격차가 가장 작은 게 이들 나라의 특징이다. 그래서 북서유럽의 행복지수가 높은 건 당연한 일인지 모른다.

실제로 덴마크, 스웨덴, 스위스, 네덜란드를 방문해보면 살기 좋은 곳이라는 인상을 받게 된다. 또 이들 나라의 국민은 대체로 자기 나라를 자랑스럽게 여긴다. 무엇보다 시민의식과 국가의식도 강하다. 일에 대한 욕심이 많지만 그 이상 스스로 생활의 질을 높이려는 노력 또한 게을리 하지 않는다.

유럽에서는 1년에 보통 4~7주간의 유급휴가가 있다. 만약 휴가를 소화하지 않으면 직장 상사가 감독책임을 진다. 때문에 상사가 솔선해서 휴가를 가고 부하에게도 휴가를 소화하도록 재촉한다.

덴마크의 수도 코펜하겐 중심부에서 조금 떨어진 곳에 '크리스티아니아'라는 이름의 마을 공동체가 있다. 원래 이곳은 해군기지였지만 1970년대 히피족이 모여들면서 지금은 약 10만 평 토지에 850명의 주민이 살고 있다. 현재 이곳 주민들은 히피족뿐 아니라 교사, 샐러리맨 등 다양한 직업에 종사하고 있다.

공동체 안에는 레스토랑과 바, 영화관, 극장 들이 즐비하다. 그 지역 안에서는 자동차 운전이 금지돼 있어 주요 교통수단은 자전거다. 자전거를 직접 제작하는 점포에서 만든 독특한 디자인의 자전거는 다른 지역 사람들에게도 인기가 높다. 크리스티아니아까지 일부러 자전거를 사러 오는 사람도 많다.

내가 크리스티아니아를 방문했을 때 마을 안에서 대마초를 당당히 팔고 있었다. 2004년 이후부터는 금지됐다. 덴마크에서 대마초 매매는 불법이지만 크리스티아니아에서는 일종의 자치권을 갖고 합법적으로 판매되었다. 그곳은 일종의 해방구이자 자유도시였다.

크리스티아니아는 덴마크 법률과는 별도로 주민들이 스스로 결정한 자치법을 갖고 있다. 자동차 금지는 자치법이다. 대마초를 용인하면서 갱단의 온상이 된 시기도 있었다. 그로 인해 크리스티아니아는 덴마크에서 항상 정치논쟁의 대상이었다. 크리스티아니아의 존재를 빼고 덴마크라는 나라를 설명하기는 어렵다. 정부는 이 지역의 폐쇄를 검토했지만 국민들의 반대로 존속됐다. 덴마크의 투표율은 1953년 이후 80% 이하로 떨어진 적이 없다. 높은 시민의식은 국정에 직접 반영된다.

일본인이라면 이런 식으로 제멋대로인 사람들을 그냥 두는 건 용서가 되지 않는다. 주위 사람들에게 폐를 끼치기 때문이라는 이유에서다. 하지만 개인의 자유를 다른 무엇보다 우선시하는 덴마크는 어느 정도의 사회 질서 혼란을 감수하면서까지 개인의 자유를 지켰다. 이것이 바로 '개인주의'의 대표적인 예다.

현재 일본에서 논쟁거리로 부각돼 있는 '외국인 참정권'의 경우 북유럽에서는 일정 주거 기간이 지나면 자동으로 주어지도록 돼 있다. 인구가 적어 이민을 적극 받아들여온 배경도 있지만 개인에 대한 관대함이 바탕에 깔려 있지 않으면 불가능한 일이다.

덴마크 등 북유럽에서는 초등학교 1학년부터 '인간에게는 선택의 자유가 있다'는 걸 가르친다. 친구들과 놀기 싫은 아이가 있다면 왜 놀기 싫은지 이해하려 노력하고 그 아이의 선택을 있는 그대로 받아들인다.

개인의 선택이 무엇보다 중요한 사회에서는 타인의 권리 역시 침해하지 않는다. 이런 '관대함'은 개인의 자유를 무조건 보장하는 사회를 만든다. 덴마크가 세계에서 가장 행복한 나라가 된 것은 결코 우연이 아니다.

일본을 덴마크와 같이 관대한 사회로 바꾸는 것은 쉽지 않은 일이다. 그러나 일본의 현재 상황을 생각해보면 꿈 같은 얘기만은 아니다.

일본은 평균수명이 세계에서 가장 길고, 사회 인프라도 최고 수준이다. 사회복지가 북서유럽 정도는 아니지만 국제적으로 비교해보면 나쁜 편이 아니다. 범죄율도 낮고 소득격차 또는 불평등 정도는 최근 10년간 커지고 있지만 국제 수준에서는 심한 편이 아니다. 또 일본인은 신앙심이 별로 깊지 않다는 점도 북서유럽과 공통점이다.

일본인의 84%는 불교계, 96%는 신도(神道)계라는 조사 결과가 있다. 통계상으로 보면 국민 대부분이 불교와 도교를 믿고 있는 것 같지만 신앙심은 매우 낮은 편이다. 일본에서 교회나 신사 등 종교적인 장소에 주 1회 이상 다니는 사람은 겨우 3%에 불과하다. 전혀 가지 않는 사람은 11%, 42%는 신년 등 특별행사 때만 가는 것으로 알려져 있다. 또 '신(神)이 인생에서 매우 중요하다'고 응답한 일본인은 6%밖에 되지 않는다.

일본과 북서유럽의 결정적 차이

일본이 북서유럽과 결정적으로 다른 게 있다. 세계에서 가장 낮은 남녀평등지수로 상징되듯, 개인에 대한 사회적 관대함이 부족한 것이다. 성 소수자 같은 사회적 약자를 동등하게 대하는지, 또 보통 사람과는 다른 '이질적인 개인'을 사회가 어디까지 받아들일 수 있느냐는 게 개인에 대한 사회적 관대함의 핵심이다.

개인에 대한 존중은 서로의 차이를 인정한다는 의미다. 이질적인 개인이 늘어나면 늘어날수록 사회는 다양해진다. 개성 있는 인물이 인정을 받으면 '다른 사람과 달라서 좋다'는 자존감과 함께, 다름에도 불구하고 사회의 일원이라는 '일체감'이 생긴다.

집단주의 사회에서 '관대함'은 없다. '나와는 다른 개인'을 인정하지 않기 때문이다. 타인에 대한 비판이나 반대되는 주장을 부정적으로 받아들이는 풍조 역시 '나와는 다른 개인을 용인하지 않겠다'는 뜻이다.

또 하나 일본과 북서유럽의 차이는 국가의 규모와 행정 형태에서 찾을 수 있다. 북서유럽 국가들은 모두 규모가 작다. 그런데 이들 국가는 일본보다 더 지방자치가 발달돼 있다.

덴마크 인구는 550만 명, 스웨덴은 930만 명, 스위스는 780만 명으로 도쿄 인구보다도 더 적다. 하지만 스위스에서는 26개주가 각각 자치권을 갖고 있다.

지방분권은 '개인주의'와 통한다. 개인에 대한 관대함이 지역에 대한 관대함으로 이어지기 때문이다. 개인과 지역이 자립해 다양한 개성과 특색 있는 사회를 만들어내고 최종적으로는 개인의 행복으로 이어지는 것이 북유럽의 시스템이다.

다행히 최근 일본도 북서유럽형의 관대한 사회로 조금씩 바뀌고 있다. 지방분권제 도입을 위한 논의가 활발히 진행 중이고, 사회적 소수자를 위한 법률도 정비되고 있다. 하지만 이를 반대하는 사회 분위기도 아직 뿌리 깊이 남아 있는 것 또한 사실이다. 일본의 전통과 문화를 지켜야 한다는 명분을 앞세운 쪽의 목소리다.

　개인의 자유보다 전통과 문화 고수라는 집단성을 더 중시하는 사회에서 '관대함'은 존재할 수 없다.

2부

우리는 왜 행복하지 못할까

6장
내 의지대로 살지 못한다

환각이나 망상에 빠져 일상생활을 할 수 없는 통합실조증[20](정신분열증)을 앓고 있는 사람이 어느 나라든 1천 명에 1명 정도 있다고 한다.

프랑스에는 '다른 사람과 생김새가 같아져버렸다'고 호소하는 사람이 많은 반면 일본에는 '다른 사람과 달라져버려 친구들에게 미움을 받는다'고 토로하는 사람이 많다. 남과 다름을 존중하는 사회와 남과 다름을 인정하지 않는 사회는 정신분열 증상까지도 다르게 나타난다는 것이다.

'타인에 대한 관대함'은 개인의 행복에 큰 영향을 준다. 관대함과 떼려야 뗄 수 없는 관계를 갖고 있는 것이 '개인의 자유'와 '자주성'이다. 이번 장에서는 자유와 자주성이라는 두 측면에서 일본의 문화를 생각해보고 행복지수와의 관계를 찾으려 한다.

---

20 정신분열증을 바라보는 사회적 편견과 낙인을 없애기 위해 일본은 2000년 초에 '통합실조증(統合失調症)'으로, 비슷한 시기에 홍콩은 '사각실조증(思覺失調症)'으로 병명을 바꿨다.

자유를 실감할 수 없는 나라

노벨 경제학상 수상자인 아마르티아 센 하버드 대학 교수는 "사회 발전은 개인의 '선택의 자유'가 넓어짐을 의미한다. 풍요로움은 그다음 문제"라고 지적했다.

세계 각국 사람들은 어느 정도 자유를 느끼고 있을까. 다음과 같은 설문조사가 세계 56개국 국민들을 대상으로 실시된 적이 있다. "당신의 선택과 의지대로 인생을 살고 있습니까?"라는 질문이다. 결과는 놀라웠다. "그렇다"고 응답한 일본인의 비율이 세계에서 가장 낮았다. 놀라운 것은 이슬람 국가인 이란, 최빈국인 에티오피아보다도 더 낮았다는 점이다. 세계에서 가장 큰 자유를 느끼는 국민은 멕시코, 콜롬비아 등 중남미 국가 사람들이었다.

세계 192개국의 '정치적 자유'를 측정해 발표하는 비영리단체 '프리덤하우스'[21]의 조사 결과와 앞의 설문조사를 비교해보면 매우 흥미로운 사실을 발견할 수 있다.

프리덤하우스 조사를 보면 일본은 법적·제도적으로 높은 자유를 누리는 나라다. 그런데 사람들은 실생활에서 '자유'를 실감하지 못하고 있다. 라틴아메리카는 정치적인 자유보다 훨씬 높은 자유를 누리고 있다. 또 이란과 사우디아라비아 사람들의 정치적인 자유도는 세계 최저 수준인데도 일본인들보다 더 많은 자유를 실감하며 사는 것으로 나타났다.

---

21 프리덤하우스는 1941년 루스벨트 전 미국 대통령의 부인 엘레노어 루스벨트 등에 의해 설립된 미국의 보수성향 민간단체(NGO)로 미국과 다른 나라들의 민주화 및 독재 반대 운동 등을 전개해왔다. 1978년부터 매년 전 세계 192개국을 대상으로 민주주의와 정치자유를 비교 평가한 '세계자유상황보고서(Freedom in the World)'를 내고 있으며, 또한 1980년부터 각국의 '언론자유 평가보고서(Press Freedom Survey)'를 발표하고 있다.

무기력을 학습하다

왜 일본인은 법적·제도적으로 많은 자유를 보장받고 있으면서 '선택의 자유'가 별로 없고 자신의 의지대로 인생을 살지 못하고 있다고 생각하는 것일까.

'당신의 선택과 의지대로 인생을 살고 있는가'라는 질문이 들어간 설문조사가 처음 실시된 것은 1981년, 다음이 1990년이었다. 두 번의 조사 모두 일본인의 '체감 자유도'는 조사 대상 국가 중 최하위였다. 1980~1990년은 버블경제 시기였다.

그다음 조사가 실시된 1995년에는 약간 상승했지만 2000년과 2005년 조사에서도 일본인의 체감 자유도는 높아지지 않았다.

조사 결과를 보면 일본인은 일상생활에서 눈에 보이지 않는 무언가에 생각과 행동의 제약을 받고 있는 게 분명하다. 법과 제도적인 것 이외의 그 무엇, 즉 정신적 억압이 일본인의 자유를 구속하고 있는 것이다.

한 가지 가능성은 일본인들에게 있을 법한 '극단적 운명론'이다. 즉 '인생은 모두 운명으로 결정되기 때문에 자신의 의지로는 무언가를 선택할 여지가 없다'고 생각하는 것이다. 운명을 바꾸는 게 신의 영역이라고 믿는 것과는 별개로, 자신의 힘이 닿지 않는 거대한 힘에 의해 인생이 지배된다고 생각하기 때문에 인생에 자유가 없다고 느끼는 것일지 모른다는 얘기다.

하지만 설문조사 결과를 보면 일본에서 극단적 운명론을 믿는 사람은 겨우 3.7%에 불과하다. 다른 나라에서도 극단적 운명론을 믿는 사람은 많지 않다.

운명론을 신봉하는 비율이 높은 곳은 이슬람 국가들이다. 이집트, 모로코 등에서는 국민의 50% 가까이가 '인생은 모두 운명에 의해 결정된다'고 생각한다. 때문에 이들 나라 국민의 체감 자유도는 낮다.

신앙심 깊은 가톨릭교도가 많은 라틴아메리카에서도 극단적인 운명론을 믿는 비율은 약 10%밖에 되지 않는다. 선진국에서는 5% 이하다. 또 이슬람 국가라 하더라도 이란(7%), 요르단(5.6%)과 같이 선진국과 비슷한 수준을 보이는 나라도 있다. 극단적 운명론이 반드시 종교 때문만은 아니라는 얘기다.

긍정심리학의 창시자인 미국 펜실베이니아 대학 마틴 셀리그먼 교수가 행한 흥미로운 실험이 있다.

개를 몇 개 그룹으로 나눠 첫 번째 그룹과 두 번째 그룹의 개에게 가벼운 전기 쇼크를 가했다. 단 첫 번째 그룹에는 어떤 패널을 밀면 전기 쇼크가 멈추도록 했다. 두 번째 그룹에는 그런 장치가 없었다. 그리고 세 번째 그룹의 개에게는 전기 쇼크를 가하지 않았다.

잠시 후 모든 그룹의 개를 우리에 가뒀다. 그리고 가벼운 전기 쇼크를 가했다. 우리의 벽은 낮았고, 넘으려고 마음만 먹으면 간단하게 넘을 수 있는 높이였다.

첫 번째, 세 번째 그룹의 개들은 바로 벽을 넘어 밖으로 도망쳤다. 그러나 두 번째 그룹의 개들은 그 장소에서 몸을 웅크리고 앉아 전기 쇼크를 받으며 계속 짖었다. 전기 쇼크는 피할 수 없는 것이라고 학습해버려 도망가려는 시도를 포기해버린 것이다. 심리학에서는 이런 현상을 '학습성 무기력감'이라고 부른다.

셀리그먼은 그 후 사람에게도 비슷한 실험을 실시했다. 첫 번째 그룹에게는 불쾌한 소음을 들려주고 그 소음을 멈출 수 있는 선택지를 준 데 반해, 두 번째 그룹에게는 불쾌한 소음을 멈추게 하는 수단을 주지 않았다. 잠시 후 두 그룹에게 멈추려고 마음만 먹으면 멈출 수 있는 소음을 들려줬다. 그러자 개의 실험에서와 같이 첫 번째 그룹은 곧바로 소음을 멈췄지만 두 번째 그룹은 멈추려는 노력을 하지 않았다.

셀리그먼의 실험은 자유를 실감하지 못하는 일본인의 상황을 설명해주는 유용한 도구다. 일본인은 어떤 이유에서인지 '자유'라는 선택지를 스스로 포기하고 있는 것이다.

미국의 문화인류학자이며 『국화 칼』의 저자인 R. 베네딕트는 일본의 문화를 '수치의 문화'라고 했다. 일본인은 '타인이 나를 어떻게 보느냐'는 것을 중시하기 때문에 이른바 '수치심'이 개개인의 행동을 강하게 제약한다는 것이다.

일본에서는 개인이 아무리 자기가 원하는 인생을 살려 해도 '상식'이라는 제약 때문에 좋아하는 것을 할 수 없다고 생각하는 경우가 많다. 일본인은 또 주위 사람들과 같은 행동을 하는 것이 부끄럽지 않은 일이라고 생각한다. 뒤집어 얘기하면 수치심의 기반에는 '집단에 동화되기'를 강요하는 무언의 압력이 작용하는 셈이다.

일본인들은 '상식적으로 살아간다'는 말에 많이 공감한다. 하지만 상식은 어느 특정 집단에서 보이는 평균적 행동양식에 불과하다. 상식을 의식한다는 것은 특정 집단과 같은 행동을 한다는 것을 의미한다. 가족, 친척, 친구 등 주위 사람들은 바로 그 상식을 무기로 삼아 보이지 않는 압력을 가한다.

물론 어느 문화라도 상식은 존재한다. 상식이 없는 사회는 존립 자체가 불가능하다. 그렇다고 상식이 옳고 그름을 판단하는 기준은 아니다. 그러나 유감스럽게도 일본에서는 '상식인지 아닌지'가 옳고 그름의 기준이 돼 있다. '상식'이 법적으로 주어진 자유를 행사할 수 없게 만드는 것이다.

인생을 즐기지 못하는 국민

흥미로운 설문조사 결과를 하나 더 소개하고자 한다.

"즐거운 시간을 보내는 것이 중요한가"라는 질문이다. '매우 중요하다'고 답한 일본인은 겨우 1.8%밖에 안 된다. '중요하다'는 답도 5.1%에 불과하다. 이들 둘을 합한 수치(6.9%)는 조사 대상 51개국 중 최하위다.

'매우 중요하다'와 '중요하다'는 응답의 합계는 중동의 요르단이 79%, 남미의 칠레가 58%, 브라질 58%, 베트남이 57% 등이다.

'즐거운 시간을 보내는 게 중요하다'고 생각하는 사람이 많은 나라와 '인생에서 선택의 자유가 있다'고 느끼는 사람이 많은 나라에는 명확한 상관관계가 존재한다. 양쪽의 비율이 모두 높은 곳은 라틴아메리카 국가들이다. 그다음으로 유럽, 일본은 양쪽 모두 최하위 그룹에 속해 있다.

극단적으로 말하면 일본인은 즐거운 시간을 보내선 안 된다고 생각하고 '선택의 자유'가 별로 없다고 느끼며 자신의 의지가 별로 반영되지 않은 인생을 살고 있는 것이다.

세계 3위의 경제대국이고 최장수국이며 치안 상태도 비교적 좋은 사회인데 행복지수가 낮은 이유는 인생을 즐기려는 자세를 갖추지 못한 게 큰 원인 중 하나가 아닐까 생각한다.

또 하나 흥미로운 설문조사 결과가 있다. '조국을 자랑스러워하는가'라는 질문에 대한 답이다. 일본인의 22.5%는 '조국을 자랑스럽게 생각한다'고 응답했는데, 이는 조사 대상 51개국 중 최하위 그룹에 속한다. 독일(21.8%)과 중국(21%), 한국(19%) 국민들도 조국을 별로 자랑스럽게 여기지 않는 걸로 조사됐다.

결국 일본인은 인생을 즐기는 걸 부정하고 조국을 자랑스럽게 생각하지도 않는다는 것이다.

왜 그럴까. '일본 문화의 기본 구조' 속에서 그 원인을 찾을 수 있다. 먼저 생각할 수 있는 것이 사회 구조와 역사가 만들어낸 일본인의 집단주의 정신이다.

7장
집단주의에 파묻힌 개인

창의성은 필요 없나

'창의성이 중요하다고 생각하느냐'는 설문조사에 '매우 중요하다'고 응답한 일본인은 5.8%에 불과하다. 이는 세계 51개국 중 50위다. '매우 중요하다'와 '중요하다'는 응답을 합하면 21.4%로 이 역시 세계 최저 수준이다.

조사 결과대로라면 일본에는 '새로운 것을 생각하는 것', 즉 창의성이 풍부한 사람이 조사 대상 국가 중 가장 적다.

특이한 것은 한국, 대만, 중국 등 동아시아 국가들이 일본과 비슷한 양상을 보인다는 점이다. 즉 동아시아 국가 사람들은 개인의 창의성을 별로 높게 평가하지 않는다는 것이다. 다른 아시아 국가들을 보면 태국은 한국, 일본 등과 비슷한 수준이지만 베트남, 인도네시아는 세계 평균치에 가깝다.

창의성을 높게 평가하지 않는다는 것은 개성을 별로 중요하게 생각하지 않는다는 뜻이다. 이란, 요르단 등 이슬람 국가에서도 창의적 발상을 억압하는 사회적 압력은 거의 없다.

동아시아 이외 지역 중에는 우크라이나, 불가리아, 세르비아 등 동유럽 국가들이 창의성을 별로 높게 평가하지 않는 경향을 보였다. 이는 '집단성'을 중시한 사회주의 체제의 영향 때문으로 해석된다.

뜻밖에도 아프리카 국가들이 창의성을 중시하는 것으로 나타났다. 서아프리카 국가인 가나에서는 '창의성이 중요하다'고 응답한 비율이 80%에 달했다. 이는 세계에서 가장 높은 수치다. 남아프리카공화국(72%), 말리공화국과 잠비아(71%)도 높은 편이다.

아무리 개성의 중요성을 외쳐도 개개인이 '창의적인 일'에 흥미를 갖지 않으면 개성 있는 인간이 되는 건 불가능하다. '다른 사람과 같아야 한다'는 무언의 압박이 사회 안에 존재하는 한 상황은 바뀌지 않을 것이다.

미디어에 좌지우지되는 사회

우리는 신문이나 TV, 최근에는 인터넷으로 대표되는 미디어를 '제3의 권력'이라고 부른다. 그런데 세계 각국을 보면 미디어를 대하는 태도와 방식이 많이 다르다.

여기에 관심을 가질 만한 설문조사 결과가 있다. '지난주 정보 취득을 위해 이용한 미디어는 무엇인가'라는 질문이다. 선택지는 신문, 라디오나 TV뉴스, 라디오나 TV의 탐사보도 프로그램, 잡지, 책, 인터넷 전자메일, 친구나 동료와의 대화 등 7개가 제시됐다.

다음의 그래프처럼 일본을 포함해 선진국 국민들 90% 이상은 신문과 라디오, TV의 뉴스를 주요 정보원으로 선택했다.

지난주 정보 취득을 위해 이용한 미디어는 무엇입니까? (수치는 응답자 비율)

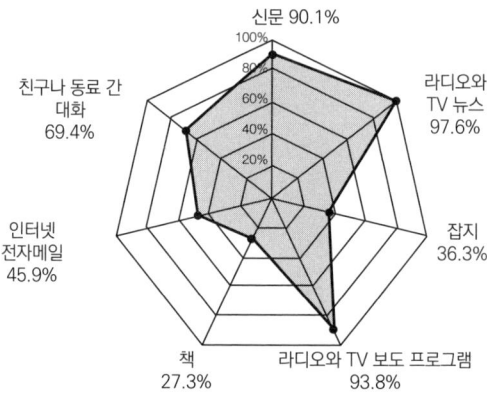

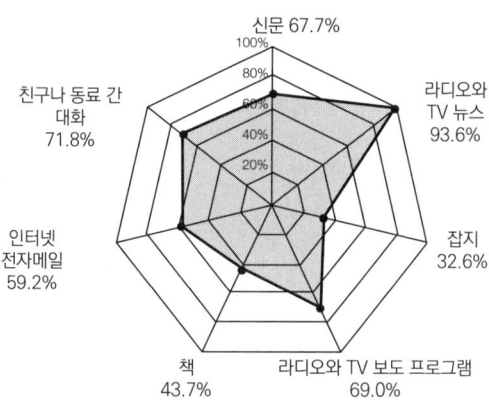

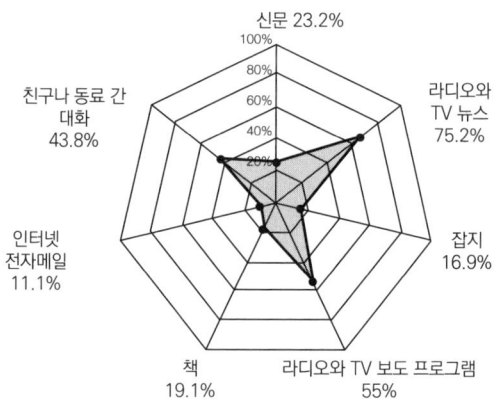

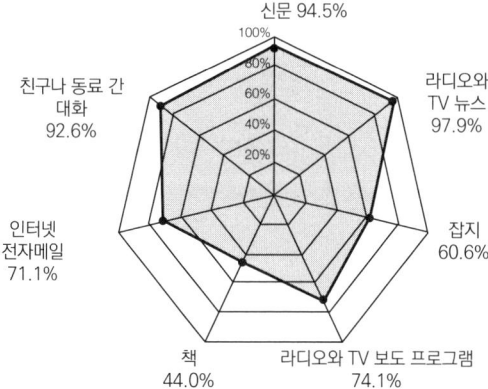

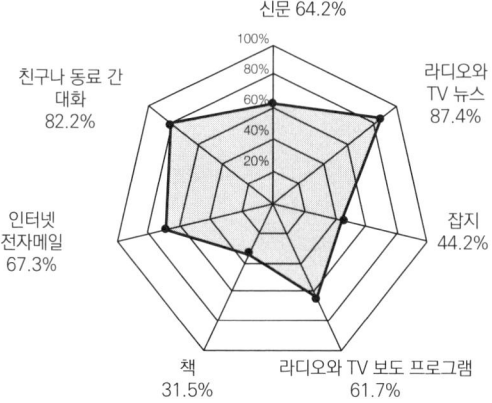

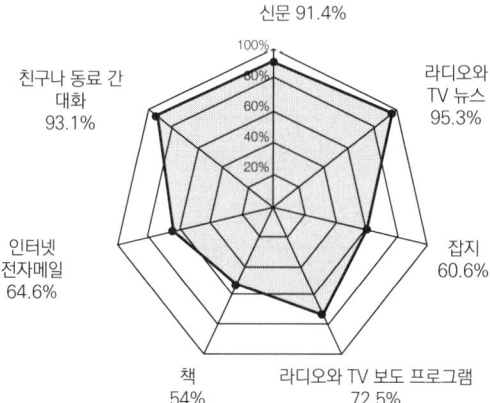

2부_ 우리는 왜 행복하지 못할까

반면 개발도상국에서 '신문이 주요 정보원'이라고 응답한 비율은 르완다 9.8%, 에티오피아 52.9% 등으로 상당히 큰 차이를 보였다. 이는 각국의 상황에 따라 따른 미디어 보급률과 밀접한 관련이 있는 것으로 추정된다.

TV나 라디오 뉴스라고 응답한 비율은 53개국 평균이 87.6%로 가장 높은 비율을 차지했다. 그중 가장 낮은 비율을 보인 국가는 인도로 61.3%다.

여기서 주목할 것은 '친구나 동료와의 대화'가 주요 정보원이라고 응답한 일본인의 비율(69.4%)로 다른 나라에 비해 낮다는 사실이다. 특히 중국(43.8%), 대만(50.2%), 한국(71.8%) 등 동아시아 국가들이 유럽에 비해 상대적으로 낮은 수준이라는 것이다.

반면 스위스, 스웨덴 등 유럽 국가들은 거의 대부분 90%를 넘었다. 즉 유럽에서는 친구나 동료와의 일상 대화에서 신문과 TV의 뉴스 내용이 빈번하게 화제에 오른다는 얘기다. 반면 일본 등 동아시아에서는 친구나 동료끼리 시사문제에 대해 이야기를 나누는 경우가 많지 않다는 의미이기도 하다.

내 여행 경험을 통해 봐도 유럽과 미국에서는 일상에서 사회문제를 얘기할 기회가 많았다. 학생에서 사회인까지 직업이 무엇이든 사람들은 다양한 분야에 대해 심도 있는 대화를 나눴다. 때로는 식사 시간에도 몇 시간에 걸쳐 얘기했다. 예를 들면 '이민을 받아들여야 하는가'에 대해서 말이다. 의견이 대립하면 서로 목소리를 높였지만 이는 모두 커뮤니케이션의 일부이지 인간관계가 악화되는 일은 없었다.

반면 일본에서는 사회문제가 일상의 대화에서 화제에 오르는 일은 거의 없다. 친구나 동료와 저녁을 함께하면서 '일본에서도 이민을 받아들여야 하는가'라는 주제를 두고 몇 시간에 걸쳐 진지하게 토론을 해본 사람은 별로 없을 것이다.

일본인들은 반대 의견을 말하면서 대화를 이어가는 커뮤니케이션 방식에 익숙하지 않다. 이를 단순히 '문화의 차이'로 치부해선 안 된다.

설문조사 결과를 보면 일본인의 93.8%는 TV 탐사보도 프로그램에서 정보를 얻는다. 이는 조사 대상 53개국 중 압도적으로 높은 비율이다. 미국과 유럽에서는 60~80% 정도이며, 90%를 넘는 나라는 없다.

TV 탐사보도 프로그램과 뉴스는 정보의 원천으로서 결정적인 차이가 있다. 뉴스는 기본적으로 객관적 사실을 전달하는 데 반해 보도 프로그램은 캐스터나 해설자의 주관, 즉 제작자 측의 주장이 반영되기 쉬운 구조다. 프로그램을 만드는 과정에서 일정한 문제의식과 시각을 갖고 사건을 장기간 취재하기 때문에 특정한 견해를 강조할 가능성이 높은 것이다.

물론 보도 프로그램을 통해 여론이 형성되는 것이 사회적으로 반드시 나쁜 것만은 아니다. 보도 프로그램의 특종으로 사회 제도가 바뀌는 경우도 많다. 정치적·경제적 권력을 감시하는 미디어의 기능을 강조한다면 보도 프로그램은 최적의 역할을 담당한다고 할 수 있다.

그러나 다음 설문조사를 보면 일본에서 미디어의 역할이 건전한 여론 형성과는 거리가 멀 수밖에 없다는 걸 알 수 있다. 신문이나 잡지, TV 등을 어느 정도 신뢰하느냐는 질문이다.

일본인의 75%는 '신문이나 잡지'를 신뢰하고, 70%는 TV를 신뢰한다. 이는 다른 선진국과는 비교가 되지 않을 정도로 높은 수치다. 일본과 비슷하게 미디어에 대한 신뢰도가 높은 나라는 한국, 중국, 베트남 등 아시아 국가들과 요르단, 이집트 등 이슬람 국가, 또 말리, 가나 등 아프리카 국가들이다.

호주에서는 응답자의 89%가 신문이나 잡지를 신뢰하지 않는다고 답했으며 82%는 TV를 신뢰하지 않았다. 미국에서도 76%가 신문이나 잡지를 신뢰하지 않았으며 75%는 TV를 신뢰하지 않았다. 유럽 국가들을 보면 적어도 60% 이상이 미디어를 신뢰하지 않는다. 70% 이상 미디어를 신뢰하는 일본과는 완전히 대조되는 대목이다.

'지난주 정보 취득을 위해 이용한 미디어는 무엇인가'라는 질문을 비교해보자. 일본인은 정보 생산자의 주장이 강하게 반영되는 보도 프로그램을 세계에서 가장 많이 보는 것으로 나타났다. 또 70% 이상은 그 프로그램이 내세운 주장을 신뢰했다. 다시 말해 여론이 특정 미디어에 의해 일방적으로 형성될 가능성이 높다는 얘기다.

만약 친구나 동료들로부터 정보를 얻는다면 대화를 통해 서로 의견을 교환할 기회가 생긴다. 하지만 일본에서는 친구나 동료가 정보원으로서 별로 큰 역할을 하지 못한다. 특히 서로 다른 의견을 두고 논쟁하는 일도 별로 없다. 미디어에서 제공되는 정보는 의견교환이 불가능한 일방통행 방식이다. 보도 자체만으로 여론이 움직여버리는 매우 위험한 사회가 바로 일본이다.

미디어의 보도를 비판 없이 수용하는 자세

동아시아와 이슬람 국가들에서 미디어에 대한 신뢰도가 높은 것은 우연이 아니다. 미디어라는 거대권력을 신뢰하고 그 보도를 곧이곧대로 받아들이는 것은 곧 집단주의 발상과 정확히 일치한다. 이는 각 나라에서 얼마나 자유로운 보도가 가능한지 보는 것으로도 검증할 수 있는 사실이다.

국제 언론인 인권보호 단체이자 언론 감시 단체인 '국경 없는 기자회'가 공표하는 '전 세계 보도 자유 순위'를 보면 175개국 중 언론 자유도가 가장 낮은 나라는 아프리카의 에리트레아, 북한, 투르크메니스탄, 이란, 미얀마 등이다. 또 미디어에 대한 신뢰도가 가장 높았던 베트남은 166위, 중국이 168위로 최하위 그룹에 속했다.

여기서도 과거 사회주의 국가와 이슬람 국가는 언론의 자유가 보장돼 있지 않음을 알 수 있다. 국가가 항상 미디어를 검열하고 정보를 조작하고 있기 때문이다.

'국경 없는 기자회'는 매년 '인터넷의 적' 12~13개국을 발표한다. 온라인 표현의 자유를 탄압하는 나라들을 꼽은 내용이다. 거기에 포함되는 나라는 대부분 과거 사회주의 국가이거나 이슬람 국가다. 중국과 베트남도 매년 이 리스트에 포함된다.

그럼에도 불구하고 중국과 베트남 사람들은 자국 미디어를 매우 신뢰한다고 한다. 미디어에 대한 국가의 통제로 일종의 '세뇌 상태'에 빠져 있는 게 아닐까 생각된다. 베트남 국민의 95%는 'TV를 가장 신뢰한다'고 답했다. 조사 대상 국가 중 가장 높은 수치다. 중국과 마찬가지로 베트남은 공산당 일당 독재 국가다.

미국과 유럽 국가들은 항상 전 세계 '보도 자유도' 순위에서 상위를 차지한다. 보도 자유를 만끽하는 미디어가 있음에도 이들 나라 사람들은 그 미디어에서 생산하는 정보를 그다지 신뢰하지 않는다. 다시 말해 정보원으로서 미디어의 역할을 인정하지만 그걸 곧이곧대로 받아들이지는 않는다는 것이다.

유럽과 미국 대학에서는 학생들의 '비판 정신'을 기르는 것이 교육의 핵심 가치다. 학기 중에 몇 번 제출하는 리포트에서 좋은 점수를 받으려면 비판을 담지 않으면 안 된다. 상대가 자신을 가르치는 교수라 하더라도 교수의 이론에 당당하게 반론을 펼 것을 요구한다.

친구나 동료와도 적극적인 논쟁을 통해 서로의 의견을 나눈다. 이렇듯 비판정신을 키워 자신의 생각을 정립해간다. 바로 이런 교육을 통해 '미디어를 활용하지만 그대로 받아들이지는 않는 시민'이 탄생하는 것이다.

미디어 환경은 다양성이 기본이다. 그래야 미디어에 의한 일방적 여론조작을 막을 수 있다.

일본 미디어의 '보도 자유도' 순위는 17위, 한국은 69위다. 객관적으로 비춰진 일본의 미디어 자유도는 그렇게 나쁘지 않은 수준이다. 그러나 일본의 미디어에는 '기자단' 제도의 문제가 숨겨져 있다. 한국도 아직 비슷한 실정이다.

일본의 기자단은 몇몇 특정 언론기관이 만든 폐쇄조직으로, 정부 각 기관에 대한 취재를 독점한다. 외신이나 프리랜서 언론인들 입장에서 보면 기자단은 사실상 취재를 막는 장벽이다. 이런 조직은 일본과 한국 이외에는 세계 어디에서도 유례를 찾기 어렵다.

일본 미디어의 탐사보도 프로그램은 권력에 대한 비판과 사회문제에 대한 날카로운 분석에서 상당히 높은 수준을 유지하고 있다. 그런 점에서 엄격한 검열을 통해 국가가 언론보도를 규제하는 몇몇 국가들과는 차원이 다르다. 하지만 제작자의 주장이 강하게 반영되는 보도 프로그램을 무조건 신뢰하고, 이를 중요한 정보원으로서 무비판적으로 받아들이는 일본을 '언론의 다양성이 보장되는 사회'로 규정하긴 어렵다.

잘 만들어진 프로그램을 단순히 소비하는 사회에서 민주주의가 제대로 작동할 수는 없다. 최악의 상황은 자기 자신이 미디어가 던지는 정보에 조작되고 있다는 것을 느끼지 못하는 것이다.

이렇게 되지 않기 위한 방법은 한 가지밖에 없다. 미디어로부터 얻은 정보를 기본으로 친구, 동료들과 적극적으로 대화하는 것이다. 여론이란 서로 다른 의견을 주고받으면서 다듬어지고 정제되기 마련이다. 사회의 다양성은 그런 과정을 거쳐 완성된다.

연대책임의 폐해

일본에서는 은행이 대출을 해줄 때 '연대보증인'을 요구한다. 한국의 은행들도 얼마 전까지 그랬다. 이는 일본과 한국의 독특한 제도 중 하나다. 원래 이 제도의 원조는 도쿠가와 막부가 농민을 상호 감시하기 위해 만든 '5호 담당제'다.

아직도 고등학교 야구단 등 특정 단체에서는 한 사람이 일으킨 잘못을 전원이 책임지기도 한다. 이 문제를 '개인'과 '집단'의 관점에서 한번 따져보자.

개인의 관점에서 보면 잘못을 일으킨 개인만 처벌받으면 된다. 물론 야구부 전원이 연루된 일이라면 얘기는 달라진다. 단지 한 사람이 저지른 잘못의 책임을 팀원 전원에게 묻는다면 야구부원들은 책임을 피하기 위해 24시간 사소한 일까지 서로의 사생활을 감시하게 될 것이다.

일본에서는 어떤 범죄가 발생했을 때 범죄자의 가족이나 같은 근무지 사람들이 함께 비난을 받는 일이 종종 있다. 때로는 범죄자의 가족이 자살을 하는 일도 있다. 만약 범죄자가 미성년자라면 부모에게 관리 책임을 물을 수 있다. 하지만 성인인데 친족이나 관련 단체에게 책임을 요구한다면 굳이 '성인'이라고 규정할 이유가 무엇인가. 자신의 행동에 책임을 지는 독립된 존재가 성인 아닌가.

'연대책임' 의식이 강하면 사람들은 책임을 피하기 위해 자기방어 논리와 방법을 찾게 된다. 자신에게 요구되는 연대책임의 위험을 최소화하는 데 가장 효과적인 방법은 타인의 행동을 관리하고 속박하는 것이다.

또 모든 사람이 똑같은 행동을 하면 적어도 타인이 일으킨 잘못으로 책임을 지는 일은 없어진다. 운명 공동체라는 명분으로 예외를 인정하지 않고 공동 행위를 철저히 강조하는 것이다. 연대책임이란 개성을 죽이고 개인을 획일화하려는 '집단성'의 상호작용에서 생겨난 부산물이다.

　사회는 다양한 개인이 협력해야 유지된다. 물론 사회라는 울타리 속에서 개인 역시 그 사회의 혜택을 받는다. 경제를 단기간에 발전시키는 데도 이른바 '집단성'이 매우 효율적이다. 그런데 문제는 '집단의 질서'와 '개인의 자유'가 충돌할 때 생긴다. '집단성'이 강조되는 사회에서는 항상 개인의 자유보다 집단의 질서가 우선시된다. 이 같은 사회의 최종 목표는 '개인의 행복'이 아니다.

　급속한 경제발전으로 세계 최강국 반열에 오른 중국도 집단주의의 수혜를 입은 국가의 전형이다. 하지만 현재 상태로는 중국이 경제적으로 선진국이 된다 해도 국민이 행복한 사회가 되긴 어려울 것이다. 이는 일본, 한국, 대만, 홍콩 등 동아시아 국가들이 걸어온 길이기도 하지만, 지금까지 중국 정부가 보여온 '인권 경시, 집단 질서 우선' 경향 때문이다.

　중국이 가까운 장래에 집단주의적 사회질서 체계를 버리고 개인을 존중하는 사회로 탈바꿈할 가능성은 매우 낮다. 만약 집단의 질서보다 개인을 우선시하는 사회로 바뀌면 현재 중국 내에 억눌려 있는 다양한 문제가 표면화할 것이다. 우선 티베트를 시작으로 수많은 소수민족이 중국으로부터의 독립을 더욱 강력하게 요구하게 될 것이다. 그러면 현재 중국이라는 국가의 형태는 재편성될 수밖에 없다.

　그리 멀지 않은 장래에 중국이 세계 제일의 경제 대국이 될 가능성은 매우 높다. 하지만 중국인의 행복지수가 1등이 되거나 지금보다 훨씬 높아질 일은 없어 보인다. 북서유럽과 같이 경제발전과 행복이라는 두 마리 토끼를 잡는 것은 불가능한 일이 아니다. 그러나 집단주의가 사회의 근간으로 자리 잡고 있는 한 둘의 양립은 불가능하다.

'예스맨'을 선호하는 몰개성 사회

개성이란

다음 물음에 답을 해보자.

"개성이 풍부한 사람과 그렇지 못한 사람 중 어느 쪽이 더 좋은가?"

대부분의 사람들은 '개성이 풍부한 사람'이라고 답할 것이다. 그럼 다음 질문은 어떤가.

"좋은 것만 골라 먹는 등 '좋고 싫음'이 확실한 사람과 그렇지 않은 사람 중 어느 쪽이 더 바람직하다고 생각하는가?"

사람들은 아마도 '좋고 싫음이 확실한 것'에는 부정적인 인상을 갖고 있을 것이다. 개성 있는 것은 괜찮지만, 좋고 싫음이 확실한 사람에 대해서는 '성격이 까칠할 것'이라는 인상을 갖고 있기 때문이다.

1984년 나카소네 일본 수상은 주입식 교육을 개선하기 위해 '개성 중시'를 목표로 한 교육개혁을 추진했다. 이른바 일본의 '유토리 교육[22](여유 있는 교육)'의 시작이었다. 그러나 '유토리 세대'의 학력이 크게 저하되면서 최근에는 비판의 대상이 돼버렸다.

그렇다고 개성이 없는 인재를 키우겠다는 것은 아닐 것이다. 이제 일본 사회에서도 '개성'이라는 말에는 어느 정도 사회적 합의가 생긴 듯 보인다. 반면 '좋고 싫음' 또는 '좋아하는 것만 하는 것'은 예나 지금이나 별로 좋은 느낌은 아니다.

여기서 '개성'이란 말의 의미를 다시 한 번 생각해보자. 세상에는 큰 키와 미모로 본인의 의지와 관계없이 눈에 띄는 사람이 있다. 그러나 일반적으로는 단순히 육체적 특징만으로 개성 있는 인간이라고 말하진 않는다.

개성의 사전적 의미를 보면 첫째, 다른 사람과는 다른, 그 사람만의 성격 또는 성질, 둘째, 한 개체의 고유한 특징 또는 성격이다.

개성이란 내면의 독특함을 뜻한다. 예를 들면 개성파 배우는 외모가 독특하기보다 연기를 잘하는 사람이다. 물론 독특한 풍모를 가진 사람을 두고 개성 있다고 말하기도 한다. 그러나 이는 외모보다 내면이 개성적이기 때문에 외면도 다른 사람과 다르게 보이는 것이다.

외모가 다른 것을 개성이라고 한다면 굳이 개성이라는 말을 사용할 필요가 없다. 인간은 모두 외모가 다르기 때문에 표면적인 차이만으로는 개성이라 말할 수 없기 때문이다.

내면이 독특하다는 건 무엇을 의미하는 걸까. 얼토당토않은 말을 하거나 이상한 행동을 하는 사람, 항상 타인과는 다른 것을 생각하는 사람일 것이다. 또 독특한 취미에 몰두하는 사람, 생활방식이 남과는 다른

---

22 일본에서 실시된 교육방침으로 '여유 있는 교육'을 뜻한다. 2002년부터 공교육에 본격적으로 도입됐다. 과도한 주입식 교육을 지양하고 창의성과 자율성 존중을 표방하며 학교 수업시간을 줄이는 방식으로 진행됐다. 그러나 기초학력 저하현상 등 부작용이 심화되면서 2007년 실패를 인정하고 다시 학력강화 교육방침으로 선회했다.

사람이다. 더 정확히 애기하면 남과는 달라도 본인 스스로는 지극히 자연스러운 생각과 행동을 하는 사람이다.

개성 있는 사람이 갖고 있는 공통점은 어떤 일이라도 본인 스스로 좋아해서 한다는 것이다. 남들이 어떻게 생각할지는 고려 대상이 아니다. 어디까지나 좋아하는 것과 싫어하는 것을 명확히 구분하고 실제 그것을 표현하며 살아가는 사람을 '개성적'이라고 한다.

좋고 싫음을 구분하는 것이 개성이다

'좋고 싫음'을 결정하는 기준은 어떻게 생기는 것일까. 무엇이든 편식 없이 잘 먹는 아이는 별 탈 없이 성장할 가능성이 높다. 때문에 많은 부모들은 아이들에게 편식하지 말라고 말한다. 부모 입장에서도 불만 없이 무엇이든 맛있게 먹는 아이가 편하다. 그래서 가리는 게 없는 것을 좋다고 생각하게 된다.

하지만 여기에는 매우 심각한 문제가 숨어 있다. 일본에 거주하는 외국인에게 "왜 일본 엄마들은 언제나 아이들에게 '이건 안 돼, 저건 안 돼' 안 되는 것만 말하는가?"라는 질문을 받은 적이 있다. 그는 "그러면 아이가 위축되지 않느냐"고 지적했다.

좋고 싫음을 확실히 구분하고 '개인적 선호'를 별로 좋게 생각하지 않는 사회 풍조는 개인의 '선택의 자유'를 빼앗는다. 부모나 학교 교사의 입장, 사회 질서 차원에서 보면 아이들이 군말 없이 순종하는 것이 좋다. 속된 말로 '예스맨' 스타일이 되는 것이다.

일본에서는 부모나 선생님의 말을 잘 듣고 반항 없이 잘 따르는 아이가 '훌륭한 아이'로 칭찬받는다. 하지만 이런 아이가 어른이 되면 '규범에서 벗어난 일을 하지 않으려고' '다른 사람에게 폐를 끼치지 않으려고'

항상 주위 사람과 같은 길만 선택하게 된다.

먹는 것, 옷, 취미, 공부, 친구, 심지어 여가를 보내는 일까지도 자기 선호와 상관없이 다른 사람을 따라 한다. 별다른 의문도 갖지 않고, 남이 깔아놓은 레일에서 벗어나지 않으려고 신경을 쓰는 그런 타입의 인간이 돼버리는 것이다. 이런 식으로 '어른이 좋아하는 아이'가 바로 몰개성의 상징이 아닌가.

이렇게 수동적으로 산다면 인생에서 심장을 뛰게 하는 그 무언가를 만날 기회는 거의 없을 것이다. 물론 '좋은 사람'이라는 말로 포장돼 별 탈 없이 고만고만한 사람과 사귀게 될지 모르겠다. 하지만 어떤 이야기든 허심탄회하게 털어놓을 수 있는 친구나 정신적 교감을 나눌 수 있는 유대는 기대하기 어려울 것이다. 이른바 '선호'라는 개성의 근간을 빼앗기는 순간 혼이 없는 인생이 되는 것이다.

그렇다고 해서 무턱대고 주위 사람과는 다른 행동을 하거나 반발하는 게 좋다는 얘기가 아니다. 반대를 위한 반대는 순종하는 것과 큰 차이가 없다. 자신의 선호대로 결정하고 마음으로부터 우러나서 내린 판단이 아니기 때문이다. 반발을 위한 '무조건반사'에 불과하다는 얘기다.

중요한 것은 '좋고 싫음'에 대한 감각과 생각이다. 자신의 의지로 결정한 것을 정확히 표현하는 것이다. 결과적으로 자신의 선호가 주위 사람과 일치한다면 그것대로 좋은 일이다. 상황에 따라서는 너무도 싫은데 하지 않으면 안 되는 일도 있을 것이다. 그럴 때는 '원래는 싫어하는 일인데, 장기적으로 나의 선호를 위해 하고 있다'고 의식적으로 생각하면 마음이 상하진 않을 것이다.

개성이 중요하다고 생각하면서도 좋고 싫음에 대한 구별을 부정하고 자신과 이질적인 것을 인정하지 않는 태도는 모순이다. 이는 '총론은 찬성하지만 각론에는 반대한다'는 이상한 말과 같다. '좋고 싫음'에 대한 구분을 당연한 것으로 받아들이지 않으면, 그 사회에서 외치는 '개성을 기르는 교육'이나 '개성 있는 인재의 육성' 따위의 구호는 결국 탁상공론으로 끝나버릴 것이다.

9장
반대 의견을 두려워하는 문화

표면적인 조화가 진정한 조화일까

'다툼이 일어나지 않도록 무엇보다 화(和)를 중요하게 여기라.'

일본 최고(最古)의 헌법인 '17조헌법'[23]에 적혀 있는 이 문구는 일본의 정치이념과 국가의식에 많은 영향을 미쳤다.

조화에 대한 강조는 사회를 유지하는 데 반드시 필요한 것임에 틀림없다. 하지만 화(和)를 너무 강조하다 보면 매우 심각한 문제가 발생한다. 가령 옳은 주장을 해도 '화'를 해친다는 이유로 무시당할 수 있다. 그럼에도 불구하고 '옳은 것은 옳다'고 주장할 경우 '집단 내 조화를 깨는 인간'이라는 낙인이 찍히게 된다. 그래서 '모난 돌이 정 맞는다'는 말처럼 일본인들은 대세를 따르며 현상 유지에 급급한 삶을 살게 된 것인지 모

---

23 헌법 17조(憲法十七条)는 쇼토쿠 태자(聖德太子)가 제정했다고 하는 일본 최초의 성문법. 관리, 귀족이 지켜야 할 정치, 도덕 17조를 한문으로 정했다.

르겠다.

그런데 사실은 17조헌법 제1조는 다음과 같이 이어진다.

"윗사람이든 아랫사람이든 협력하여 토론하면 무슨 일이든 달성하게 된다." 또 "중요한 일은 혼자서 결정해선 안 된다. 반드시 많은 사람과 토론하라"고 기록하고 있다. 다시 말해 일본의 '화의 정신'은 단순히 대중을 따르는 '무사안일주의' 사상이 아니라는 뜻이다. 토론할 게 있으면 각자가 자신의 의견을 주장할 장을 만들라는 것이다.

17조헌법에는 토론할 때 유의할 점도 적혀 있다.

"다른 사람이 틀린 말을 해도 화를 내선 안 된다. 사람의 생각은 다를 수밖에 없다."

이는 분명 서로 대립하는 입장을 존중하라는 뜻이다. 17조헌법에서 얘기하는 '화의 정신'은 전체를 위해 개인을 억압하는 게 결코 아니다. 아마도 소수파를 억압하려는 구실로 이용돼, 오역된 채 일반화되었을 가능성이 크다.

토론이 잘되기 위해서는 반대되는 의견이 반드시 필요하다. 대립된 의견을 제시함으로써 서로 지적 자극을 받고 마지막에 합의점을 찾아가는 것이 토론의 목적이다. 승패를 결정하려 들거나 상대를 너무 배려하려 하면 심도 있는 토론이 진행될 수 없다. 생각지도 못한 관점을 제시해야 깊이 있는 토론이 이뤄지는 것이다.

자신과는 전혀 다른 관점을 가진 사람의 의견을 듣고 스스로도 객관적으로 판단해볼 수 있는 최선의 수단이 바로 토론이다. 때로는 격론으로 발전할지도 모른다. 그러나 그런 자극이 있기 때문에 지적 수준을 향상시킬 수 있는 것이다. '화의 정신'도 원래는 표면적인 '화'가 아닌 깊은 수준의 조화를 가리키는 것이었다.

토론은 싸움이 아니다

　토론은 상반되는 주장과 만나 사고력을 자극하고 서로를 향상시키는 과정이다. 그러나 유감스럽게도 일본 사회에서는 비판과 반대 의견에 대한 과도한 반응이 꽤 많이 목격된다. 누군가에게 비판을 받으면 '이런 비판이 제기됐다'고 실망하며 비판을 받은 자가 자연스럽게 '잘못을 저지른 사람'이 되어버리는 경향이 있다. 비판 내용의 신빙성이나 시시비비는 따지지 않는다. 또 '그 따위 비판은 필요 없다'며 비판 자체를 부정해버리는 경우도 많다.

　원래 반대 의견이나 비판을 받는 것은 크게 환영할 일이다. 다양한 시각 속에서 최선의 아이디어가 생기기 때문이다. 의견충돌이 무서워 대화나 토론을 피해버리면 새롭게 싹 틀 수 있는 다양한 가능성이 꺾이고, 개성의 근간이 되는 개인의 선호와 의견도 묻혀버린다. 개개인의 선호와 의견이 다르면 왜 다른지 따져봐야 여러 각도로 사물을 다시 바라볼 수 있는 계기가 만들어지는 것이다.

　각자 좋아하는 것을 확실히 갖고 있으면 의견 대립은 당연한 일이다. 그런데 남과 다르다는 것에 겁을 먹은 나머지, 타인의 반응을 과도하게 신경 쓰며 스스로 마음을 닫아버리면 감성도 사고도 진전시킬 수 없다.

　프랑스에서는 중학교 때부터 토론수업이 진행된다. '전쟁의 당위성을 논하라'는 다소 어려운 주제로 논문을 쓰고 수업 중 토론을 벌인다. 때로는 선생님이 토론에 직접 참여하고 학생 간에 의견이 격하게 부딪히는 일도 많다.

　그러나 수업이 끝나면 모두 아무 일도 없었던 듯 일상의 친구관계로 돌아간다. 토론에서의 대립은 어디까지나 의견이 충돌한 것이지 인격이 대립한 게 아니기 때문이다.

미국이나 유럽의 과학자들 사이에서는 연구테마를 두고 격한 논쟁을 벌이는 일이 많다. 때로는 신문 지상에서 노골적으로 서로를 비판하는 일도 종종 있다. 그렇다고 당사자들이 일상생활에서 친구가 되지 못하는 건 전혀 아니다.

나 역시 지금까지 서양인은 물론 전 세계 많은 사람들과 밤을 새워가며 논쟁을 벌인 적이 있었다. 이렇게 많은 토론을 벌인 상대라면 친구로서의 관계가 더욱 깊어질 게 자명한 일 아닌가.

타인과 대립하는 것을 두려워하지 않고 진지하게 대화와 토론을 벌이는 것이 사회 변화의 시작이다. 프랑스 철학자 볼테르는 "나는 당신의 의견에 반대다. 하지만 당신이 그것을 주장할 권리는 생명을 걸고 지킬 것"이라고 했다. 이것이 대화의 기본정신이며 개성을 존중하는 자세다.

스스로 찾지 않으면 행복은 없다

스스로 하기에 의미가 있다

인생을 스스로 컨트롤할 수 없다고 느끼면 그 인생의 만족감은 현저히 떨어진다. 극단적인 예는 형무소의 죄수들이다. 죄수에게 형벌은 자유를 빼앗는 것이다. 실제로 죄수의 행복지수를 조사한 예는 없지만 해볼 필요도 없지 않을까 싶다.

정부가 국민을 엄격하게 관리하는 국가의 국민은 죄수와 별로 다르지 않은 생활을 강요 받는다. 미국과 소련이 심하게 대립하던 제2차 세계대전 이후 공산권에서는 국가 관리체계가 매우 강고했다. 영국 작가 조지 오웰의 소설 『1984년』에서 그려진 초관리국가가 현실로 나타난 사회였다.

베를린 장벽은 그런 관리국가의 상징이었다. 당시 동유럽에서 서유럽으로 탈출하려는 사람의 수는 셀 수 없을 만큼 많았다. 그러나 서유럽에 발을 들여보지도 못하고 투옥되었고 최악의 경우 사형에 처해졌다.

지금도 북한 주민들은 자유롭게 출국할 수 없다. 무단으로 북한을 벗어난 '탈북자'는 잡히면 최고 사형에 처해진다고 전해진다. 그뿐 아니라 사람들은 생활의 세세한 부분까지 정부의 엄격한 통제를 받는다. 북한은 마치 거대한 형무소라고 해도 과언이 아니다.

북한의 행복지수를 조사한 적은 없지만 아마 세계 최하위일 것이다.

실제 통계를 봐도 '자주성'과 '행복지수'와의 상관관계는 소득과 행복지수의 관계보다 20배 이상 높다. 사회적 지위나 소득에 관계없이 자기 스스로 생활 관리를 할 수 있는 사람이 더 높은 만족도를 갖는 건 어쩌면 당연한 일이다.

일본의 가계경제연구소에 따르면 일본에서 여성이 이혼을 하면 평균 소득이 36.5% 감소하지만 행복지수는 22% 증가한다.

스스로 선택한 길이라면 아무리 힘들어도 자신의 선택을 받아들일 수 있다. 그러나 그 길이 누군가에 의해 강요된 것이라면 힘든 일이 닥쳤을 때는 아마도 남을 탓하게 될 것이다. 이는 자신도 타인도 모두 불행한 일이다. 자신의 의지대로 선택하고 그 선택에 책임을 진다면 어떤 인생이라도 행복할 수 있다. 이는 결과의 문제가 아니다. 어떻게 살아갈까가 중요하기 때문이다

하지만 일본에서는 스스로 무언가를 결정하지 못하고 집단에 의존함으로써 책임소재를 흐려버리는 경우가 종종 있다.

일본인 남성이 자기소개를 할 때 보면 '무슨 무슨 회사 아무개입니다'라며 맨 앞에 회사 이름을 꼭 붙인다. 회사원이라면 딱 정해져 있는 멘트다. 회사나 조직이 자신의 이름보다 먼저 튀어나오는 것이다. 비즈니스로 만났다면 다른 나라 사람들도 마찬가지일 것이다. 그러나 일본에서는 사적 모임에서도 이런 식의 인사가 익숙하다.

이는 일본인이 자신의 정체성을 조직이나 단체와 동일시하는 전형적

사례다. 개인의 존재감보다 집단 일부로서 존재한다는 느낌이 머릿속에 더 크게 자리 잡고 있기 때문이다. 집단주의의 특징을 여실히 보여주는 사례다. 이런 환경에서는 개개인이 정신적으로 자립한 인간으로 살아가기 어렵다.

집단성에서 탈피하려면 자신의 존재를 설명하는 그 무언가를 집단과 일치시키지 않는 것, 즉 조직과 집단에 대한 의존에서 벗어나야 한다. 원래 무엇으로부터 자립한다는 것은 불안하고 고독해진다는 뜻이다. 또 무기력감과 싸우지 않으면 안 된다. 그렇기 때문에 자립하는 것보다 집단에 동화되어 살아가는 것이 더 편하다고 느낀다. 그러나 이는 집단성의 권위에 복종하는 것이다. 결과적으로는 자유로부터 스스로 도피의 길을 선택한 것이나 다름없다.

사회심리학자 에리히 프롬은 『자유로부터의 도피』에서 제2차 세계대전 이전 독일이 민주주의 체제였음에도 히틀러의 나치스당이 생기고 전체주의로 빠져버린 이유를 '자유'라는 관점에서 분석했다. 프롬의 지적은 현재 일본 사회를 이해하는 데도 매우 유용하다.

자유로부터의 도피

15세기 이전 유럽은 신분제도가 엄격한 계급사회였다. 개인이 새로운 환경을 스스로 개척할 수 있는 길은 없었다. 그 후 봉건제도가 붕괴하면서 계급으로부터 자유의 몸이 됐다. 또 종교개혁 이후에는 종교의 엄격한 규율로부터도 해방됐다. 더욱이 자본주의가 발달하면서 개인의 실력 자체만으로도 성공할 수 있는 길이 열렸다.

영국의 명예혁명과 프랑스혁명, 미국 독립전쟁 뒤에는 '자유를 획득한 개인'이 있었다. 하지만 제도적 속박으로부터 자유를 얻은 대신 대가도 컸다. 사회적 유대감도 동시에 소멸돼버린 것이다.

과거 계급사회와 교회의 권위는 사람들에게 인생의 명확한 길을 제시한 동시에 안정을 가져다줬다. 반면 새로운 세상이 열린 뒤 사람들은 자신의 역할을 잃어버리고 인생의 의미가 무엇인지 의문을 갖게 됐다. 무기력감도 느끼기 시작했다. 이는 '거대한 고독'이었다. 그러자 사람들은 잃어버린 집단 유대 대신 또 다른 사회적 유대를 찾기 시작했다. 고독에서 벗어나기 위해 권위에 복종하고 지배 받는 길을 선택한 것이다. 이것이 바로 에리히 프롬이 말한 정신적 안정을 위한 '자유로부터의 도피'다.

프롬은 이를 '공서(共棲)'라고 불렀다. 공서란 서로 완전히 의존하도록 일체화하는 것이다. 가령 타인에게 복종하면 자신의 결단으로부터는 해방된다. 복종으로 얻어지는 유대는 봉건사회 때의 집단적 유대와는 차원이 달랐다.

독일의 나치스는 지도자에 대한 맹목적 복종과 함께 다른 인종과 정치적 소수자에 대한 증오를 부추겼다. 특히 복종과 지배에 대한 갈망을 주창하고 독일 민족을 미화함으로써 민족적 귀속감을 강요했다. 여기에 제1차 세계대전에서 독일의 패전, 군주제의 붕괴, 전대미문의 인플레이션 등 최악의 경제상황이 맞물려 당시 독일 국민은 나치스라는 절대 권력에 자신을 융합해버렸다.

나치스는 숙명을 거스르지 않고, 권위에 반발하지 않으며 참는 것, 즉 완전한 복종만이 최고의 미덕이며 진정한 용기라고 선동했다. 또 과거를 찬미하고 숭배하면서 변화를 거부했다. 강력한 권위를 보여줌으로써 맹목적으로 복종하게 만들어버린 것이다. 이런 식으로 개인을 개인 이외의 목적에 복종시키고 순수한 의미에서 개성의 발전을 방해한 조직이 바로 '파시즘'이라고 프롬은 지적했다.

부지불식간에 믿게 되는 '내적 권위'도 두려운 존재다. 즉 여론이나 상식이라는 '익명의 권위'를 말한다. 상식과 여론을 받아들이면서 우리의 의식은 무의식중에 지배를 당한다. 여론이나 상식을 마치 자신의 양심인 양 착각하면 권위에 대한 반항은 더욱 어려워진다. 결국 양심은 노예 감독자이며 사회의 요구가 내재화해 있는 것이다.

내적 권위는 외적 권위보다 더 위험하다. 프롬이 말한 '공서'로 도피하면 잠깐 동안은 고독과 불안감에서 벗어날 수는 있다. 하지만 고독과 불안감에서 완전히 벗어날 수는 없다. 인류의 역사는 '개인의 자유'를 향상시키기 위한 투쟁의 과정이었다. 그런 역사의 흐름을 역행할 수는 없다.

권위에 대한 복종으로 인류가 추구해온 '자유를 향한 욕구'를 충족할 수는 없다. 또 권위에 의존해서 치유 받을 수 있는 길은 없다.

자동인형으로 살 것인가

또 하나 잊어서는 안 될 '도피 행동'이 있다. 자기 자신을 잊어버리는 것이다. 한 사회의 문화가 만들어낸 인물상을 그대로 받아들여 자신을 버리는 행위다. 이 같은 행위는 일본에서는 흔한 일로, 적어도 무기력감과 고독감에서는 벗어날 수 있다. 프롬은 이를 '자동인형'이라 불렀다.

자동인형은 자기 스스로 자동인형임을 자각하지 못한다. 세간의 평가를 모두 훌륭하다고 느끼고 자기 스스로는 진지하게 판단하기를 포기한다.

자동인형에게는 비판적 사고라는 게 없다. 단지 순응만 있을 뿐이다. 하지만 자동인형화한 인격이라고 해서 잠자는 동안 꿈까지 지배당하진 않는다. 꿈에서는 잠재의식 속에 있는 본래의 자기자신이 등장한다. 술에 취하면 인격이 바뀌는 사람도 자동인형의 전형일지 모른다.

이런 사람은 보통 자신을 잃어버려 속으로는 공포심에 떤다. 그래서 공포에서 벗어나려고 순응을 택하고, 타인에게 인정받는 행위를 통해 자기 동일성을 얻으려 한다. 자유로부터 도피하고, 스스로 기계의 부속품이 되면서 고독으로부터는 벗어날 수 있을지 모른다. 하지만 인생이 공허해지는 것은 피할 길 없다.

프롬은 "자유의 중압감에서 벗어나려고 새로운 순응과 종속의 길을 택할 것인가 아니면 고독과 개성에 뿌리를 둔 적극적인 자유의 실현을 추구할 것인가 양자택일의 상황에 몰려 있다"고 지적했다. 프롬은 또 "도피행동에서 벗어나기 위해서는 모든 사람들과의 적극적인 연대와 사랑, 일과 같은 자발적인 행위가 필요하다"고 말했다. 자발적 행위가 더 높은 차원의 정신적 안정을 가져다준다는 것이다. 또 인간은 '적극적 자유'를 추구함으로써 진짜 자유를 얻고 독립된 개인으로서 세상과의 새로운 유대를 만들 수 있다고 주장했다.

프롬은 자발적 행위만이 고독으로부터의 공포를 극복하는 최선의 길이라고 말한다. 프롬은 "자기 자신을 자각하지 못하는 것만큼 부끄러운 일은 없으며 스스로 생각하고 느끼며 말하는 것만큼 행복을 전해주는 것도 없다"고 일갈했다.

자유란 결코 편한 게 아니다. 하지만 편하지 않기 때문에 자유의 본질을 체감했을 때 더 큰 기쁨과 만족을 얻을 수 있는 것이다. 자발적 행위, 즉 '자주성'이란 스스로에게 자유를 주는 행위다. 때문에 자주성을 버리는 것은 자유를 버리는 일이며, 결국 행복한 인생을 포기하는 것과 다를 게 없다.

3부

행복의 메커니즘

뇌과학으로 본 행복

행복을 느끼는 메커니즘

인간에게 행복이란 구체적으로 어떤 현상일까. 뇌과학과 심리학, 인류의 진화라는 관점에서 한번 생각해보자.

100명의 인간에겐 100개의 행복이 있다고 한다. 태어나 교육 받은 나라와 문화가 다르면 행복을 느끼는 방식도 당연히 다를 것이라고 생각하기 쉽다. 하지만 최근 연구를 보면 인종과 문화, 환경과는 관계없이 인간이 행복을 느끼는 메커니즘은 같다는 게 정설이다.

미국의 심리학자 폴 에크먼(Paul Ekman)은 사람의 표정과 감정이 만국 공통이라는 사실을 발견했다. 에크먼은 파푸아뉴기니에 사는 포아족에게 몇 명의 미국인 사진을 보여주는 실험을 실시했다.

1960년대 파푸아뉴기니 부족민은 현대 문명사회와의 접촉이 전혀 없는 수렵생활, 즉 석기시대와 같은 생활을 하고 있었다. 인육 습관이 금지된 것이 에크먼의 실험이 있기 불과 몇 년 전이었다. 그 전까지는 인육이 단백질을 섭취하는 주요 수단이었다.

포아 족이 본 사진 속 미국인은 생전 처음 보는 인종이었고 외국인이었다. 그러나 그들은 다양한 표정을 보고 사진 속 미국인들의 감정을 정확히 구별해냈다. 이 실험을 통해 파푸아뉴기니의 미개한 포아 족이나 뉴욕 비즈니스맨들이나 모두가 같은 표정으로 같은 감정을 표현한다는 사실이 명확해졌다.

또한 에크먼은 공포, 슬픔, 혐오, 노여움, 놀라움, 기쁨 등 6가지 기본 감정을 나타내는 인류 공통의 표정이 있다는 것을 알아냈다.

에크먼의 실험을 증명하는 또 다른 예가 있다. 태어나 눈도 못 뜬 아이가 자발적으로 미소를 짓는 행위다. 인간은 자기 감정을 표현하고 다른 사람의 감정을 판별하는 능력을 타고난다는 것이다.

에크먼의 실험이 획기적이었던 것은 인류 공통의 부분을 발견했기 때문만은 아니었다. 인간의 표정과 감정에서 역의 관계가 성립된다는 것도 증명해냈다. 기분이 좋아지면 자연스럽게 표정에 나타나는 것은 누구라도 경험을 해봤을 것이다. 그러나 에크먼은 반대로 표정이 감정에 영향을 준다는 걸 증명했다. 아무런 이유 없이 웃는 표정을 지으면 얼굴 근육이 뇌에 자극을 줘 기분이 좋아진다는 것이다. 이는 육체와 정신의 관계에서 매우 중요한 발견이다. 실제 이런 역의 관계를 이용해서 행복해지는 방법을 연구하는 움직임도 있다.

인도인 의사 마단 카타리아(Madan Kataria) 박사가 제안한 '래프터 요가(웃음 요가)'라는 게 있다. '래프터(Laughter, 웃음)'와 요가를 병행해 웃음으로 심신의 건강을 찾는다는 것이다. 즐거워서 웃는 게 아니라 웃기 때문에 즐거워진다는 게 이 요가의 핵심이다.

래프터 요가를 꾸준히 하면 스트레스 지수가 낮아지고 기분이 좋아지며 이런저런 통증이 감소한다고 보고돼 있다. 또 혈압과 맥박이 안정되고 우울증이 개선된 예도 있다고 한다. 특히 면역계, 소화기능, 생식계가 개선된다는 보고가 있다.

즐거운 일이 있어도 실제로 표현하지 않으면 즐거움이 반감된다. 즉 솔직하게 자기 감정을 표현하는 것은 자기 스스로 행복한 기분을 실감하는 일이다.

일본에서는 일반적으로 솔직한 감정표현을 별로 좋아하지 않는다. 일본인에게 어른이 된다는 것은 감정 표현을 최대한 자제하고 무표정하게 사회의 규칙을 따른다는 의미다. 하지만 자신의 감정에 솔직하지 못하면 즐거움도 없어진다는 걸 알아야 한다.

행복한 뇌와 불행한 뇌

뇌의 상태는 인간의 기분과 행동에 큰 영향을 준다. 특히 중요한 역할을 하는 것이 뇌내 신경전달물질이다.

욕구, 만족, 성적 매력 등을 느낄 때는 도파민과 베타 엔돌핀이라는 신경전달물질이 관여한다. 반면 불안, 긴장, 무기력증 등 부정적 감정일 때는 스트레스 호르몬이 뇌 안에 분비된다.

세로토닌은 '행복 호르몬'으로 불리는 신경전달물질이다. 세로토닌은 진정작용을 해 호르몬 분비를 촉진한다. 또 도파민과 노르아드레날린을 컨트롤해 정신을 안정시킨다. 세로토닌이 정상적으로 분비되지 않으면 정신의 균형이 무너져 감정이 불안정해진다.

세로토닌을 발생시키는 약으로 개발된 '프로작'은 현재 항우울제로 널리 처방되고 있다. 행복에는 세로토닌의 컨트롤이 중요한 요소다.

누구도 발을 내디뎌보지 못한 새하얀 '파우더 스노(powder snow)', 내가 그 표면을 스노보드로 활강하는 쾌감을 맛본 것은 행복인지 불행인지 판단할 수 없다.

나는 그런 파우더 스노를 찾아 급경사가 진 산을 오른 적이 있다. 얼음과 눈으로 덮인 후지 산을 등정해 정상에서 활강한 적도 있다. 유럽에서는 활강을 하다가 바위에 부딪혀 갈비뼈가 부러지기도 했다. 알래스카에서는 눈사태를 만났고, 한번은 발목을 접질려 눈에 갇히기도 했다. 운 좋게 목 위로는 눈에 덮이지 않아 큰 부상을 피할 수 있었다.

그럼에도 나는 스노보드가 질리지 않는다. 오히려 생명의 위험을 감수하며 더 짜릿한 자극을 찾아 다닌다.

신경전달물질인 도파민은 세로토닌과 함께 행복을 느끼게 하는 역할을 한다. 도파민이 뇌 안에서 방출되면 인간은 낙천적이 되며 자신감이 넘쳐 흐른다. 매력적인 이성을 만날 때나 맛있어 보이는 음식을 봤을 때도 도파민이 방출돼 적극적으로 행동하게 된다.

그러나 도파민이 몸에 좋은 작용만 하는 것은 아니다. 알코올, 담배, 마약도 뇌 안에서 도파민을 방출한다. 과도하게 분비되면 환각, 과대망상증, 정신착란 등을 일으킬 수 있다. 한번 중독되면 끊기가 어렵다. 계속 섭취하면 육체를 해치고 결국 폐인이 될 수도 있다.

독일의 생리학자이자 학술 저널리스트인 슈테판 크라인은 "중독이란 인간이 행복을 추구하는 과정에서 일어난 사고"라고 말했다. 다만 아무리 술을 마셔도 취하지 않거나, 한 모금만 마셔도 얼굴이 빨개지는 사람이 있듯이 유전적으로 중독에 대한 내성이 강한 사람과 그렇지 않은 사람이 존재한다. 물론 과도한 스트레스가 발생한 상황에서는 어떤 사람이라도 도파민 의존병에 걸릴 가능성이 있다.

중독에 빠지기 쉬운 사람은 보통 새롭고 위험한 것에 매력을 느낀다. 이는 호기심과 밀접하게 관련이 있다. 호기심이 강한 사람일수록 도파민 분비량이 많다. 위험한 일을 즐기는 모험가, 항상 죽음의 끝자락에서 있는 F1 레이서 등은 일종의 도파민 중독자일지 모른다.

죽음은 인간에게 가장 큰 공포다. 그러나 한 발만 더 나아가 죽을지 모른다는 한계상황을 스스로 컨트롤할 수 있다면 이보다 더 짜릿한 흥분은 없을 것이다.

그렇다고 도파민이 위험할 때만 생성되는 것은 아니다. 지적인 자극이나 감성을 자극할 때에도 도파민이 방출된다. 도파민도 잘 조절하기 나름이라는 얘기다.

"행복의 반대는 불행이 아니라 따분함이다"

고대 그리스 철학자 아리스토텔레스는 "변화에 대한 욕구는 동물의 본성"이라고 했다. 그는 인간의 동물적 속성을 강조했다. 철학자이자 수학자, 논리학자인 버트런드 러셀은 "행복의 반대는 불행이 아니라 따분함"이라고 일갈했다.

'따분함'이란 단조로운 현실에 변화를 주려고 하지만 아무런 일도 일어나지 않는 상태를 말한다. 처음부터 변화를 바라지 않는다면 따분함이란 존재하지 않는다. 지루할 때 찾는 변화는 무엇이든 어떤 의미로든 상관없다. 지금까지 본 적도 들은 적도 없는 '놀라움'이라면 뇌에 자극을 줘 도파민을 방출한다. 즉 뇌에는 장기적 목적이나 이유 같은 건 필요 없이 계속 바뀌는 자극만 있으면 된다.

지구상에 생물이 탄생한 이래, 시시각각 변화하는 환경에 적응해 살아남기 위해서는 다양성을 만들어낼 필요가 있었다. 만약 인류에게 변화를 바라는 호기심이 없었다면 문명이 발전되지 않았음은 물론이고 아주 오래전에 멸망했을 것이다.

호기심이 강한 사람은 한 가지 일에 만족하지 못하고 다양한 일에 관심을 보이는 경향이 있다. 그런 사람은 무슨 일이든 쉽게 질린다는 이미지가 있다. 그러나 미국 듀크 대학 심리학과 패트리샤 린빌 교수는 "이미지가 여러 갈래인 사람일수록 성공이나 실패에 따른 행복감의 부침이 적다"고 말한다. 다시 말해 스트레스를 적게 받고 우울증에도 잘 걸리지 않는다는 얘기다.

이미지가 여러 갈래라는 것은 가령 의사인 사람이 연구자이면서 피아니스트이고 테니스 선수인 다중 캐릭터를 갖고 있음을 의미한다. 한 가지 일만 고수하며 살기보다 많은 일에 관심을 기울이는 쪽이 행복해질 확률이 더 높아진다는 뜻이다.

호기심 없는 인생에 행복감이 생길 일은 없다. 적어도 적당한 도파민을 촉진하는 행동을 하는 것이 행복으로 가는 길이다.

심리학으로 본 행복

쾌락의 쳇바퀴

어릴 적 당신이 꼭 필요한 물건을 선물 받았을 때를 생각해보자. 아마도 무척 기뻤을 것이다. 그 순간만큼은 유년 시절 정말 행복했던 한 장면이었을 게 분명하다. 그러나 시간이 흐르면서 그때의 기쁨도 기억 속에서 서서히 흐려진다. 그리고 몇 년이 흐르면 선물을 받은 사실조차 잊어버리고 또 다른 물건을 갖고 싶어 하게 된다.

미국의 심리학자 필립 브릭먼(Philip Brickman)과 도널드 캠벨(Donald Campbell)은 복권에 당첨된 사람과 사고로 반신불수가 된 사람, 이들 두 그룹의 행복지수를 조사했다. 복권에 당첨된 사람은 당첨 후 행복도가 급상승했다. 하지만 시간이 지나면서 행복도가 당첨 전 수준으로 되돌아가버렸다. 반신불수가 된 사람들은 사고 후 행복지수가 급격히 하락했지만 시간이 지나면서 사고 전 행복 수준으로 복귀했다.

브릭먼은 행복에도 적응 현상이 있다고 주장했다. 이를 '쾌락의 쳇바퀴(Hedonic Treadmill)'[24]라고 불렸다.

새 옷을 사거나 염원하던 집을 구입해도 시간이 흐르면 익숙해져버린다. 회사에서의 승진, 결혼도 마찬가지다. 실연을 당하거나 사고로 실명해도 시간이 치유해주면서 원래 행복 수준으로 되돌아오게 된다.

인생의 행복지수를 그래프로 그리면 소년기와 고령기의 행복지수가 높고 중년기가 가장 낮다는 조사가 있다. 즉 행복은 'U자 형'이라는 것이다. 유소년 시절에는 철없이 보내지만 어른이 되고 중년기에 접어들면 이상과 현실의 괴리로 불만이 쌓이고 사회와의 싸움도 격해진다. 그러나 고령기에 접어들면 적응이 되어 행복지수가 다시 상승한다는 설명이다.

전 세계 어디를 가봐도 노인들에게 "어느 나라가 가장 좋나요?"라고 물으면 거의 대부분이 자기 나라라고 답한다. 내가 아프리카에서 만난 노인, 터키의 시골에서 만나 이야기를 나눈 노인, 남미에서 만난 노인, 그리고 일본 노인들도 모두 입에 침이 마르게 자기 나라의 좋은 점을 얘기했다. 환경에 적응했기 때문에 무의식적으로 자기 나라를 미화하고 있는 것이다.

그렇다고 인간이 어떤 재난이나 불행에도 모두 적응하는 건 아니다. 실업, 사별, 병으로 인한 고통, 소음 등에는 간단히 적응하기 어렵다. 무엇인가를 잃어버린다는 것은 처음부터 그것을 가지고 있지 않았던 것보다 몇 배 더 고통스럽다. 생활의 기반인 직업, 가족, 친구, 건강, 좋은 환경 등은 잃어버린 다음에야 소중함을 알 수 있는 것들이다.

---

24 '쾌락의 쳇바퀴(Hedonic Treadmill)'란 러닝머신 위에서 달리는 사람이 러닝머신의 속도에 따라 빨리 달리거나 천천히 걷는 것처럼, 인간의 쾌락도 현재 조건에 따라 달라지는 걸 뜻하는 심리학 용어다. 즉 어떤 특별한 이벤트가 있어 자극을 받아 쾌락을 느끼더라도 그 이벤트가 사라지면 쾌락도 금세 사라지고 주변 환경에 맞춰 살아간다는 의미다.

특히 실업은 사회적인 문제로 발전한다. 단, 앞에서 언급했듯이 실업률이 만성적으로 높지만 행복지수가 높은 중남미 국가 같은 예외도 있다. 또 배고픔과 같이 생사를 좌우하는 욕구도 쉽게 적응하기 어렵다.

기쁨에 대한 적응에도 예외가 있다. 같은 소비라도 물건을 사는 것보다 여행이나 스포츠 등 레저로 돈을 쓰는 쪽이 높은 행복을 유지해준다. 다른 사람과 체험을 공유하고 추억으로 가슴 깊이 새겨지기 때문이다. 배우는 일과 같이 학습을 위한 소비도 행복감을 오래 유지해준다.

개인적인 이야기지만 나는 10년에 걸쳐 100개국 이상을 여행했다. 그때 사용한 돈을 물건을 사는 데 썼다면 최고급 자동차 몇 대를 샀을 것이다. 그러나 전 세계를 돌며 다양한 사람을 만나고, 상상도 못한 장대한 자연을 체험하며 '살아 있는 것'에 대한 무한대의 시야를 손에 넣은 일은 가치로 환산할 수 없는 만족감을 내게 선사했다. 시간이 흘러도 그 만족도가 사라지진 않을 것이다.

물건을 사는 것은 가장 손쉬운 소비 행위다. 쇼핑이 한 순간의 만족을 주는 건 분명하지만 학습이나 여행은 자신의 적극적인 행동과 함께 시간을 들여 소비하는 일이다. 돈을 지불한다고 해서 바로 기술이나 경험을 얻을 수 있는 건 아니다. 그런데 유감스럽게도 많은 사람들은 물건을 사는 일, 즉 아주 단순한 선택으로 손쉽게 만족을 얻으려 한다. 선진국일수록 구매력이 높기 때문에 물건을 사는 행위로 만족을 얻으려는 경향이 강하다.

긍정심리학의 창시자인 마틴 셀리그먼은 현대 사회 불행의 큰 씨앗인 우울증에 대해 "안일한 소비로 쾌락을 추구하는 것이 원인 중 하나"라고 지적했다. 경제적으로 풍요로운 나라 사람들이 우울증에 많이 걸리는 것이 이를 반증한다.

현재 전 세계적으로 우울증 환자의 수는 1960년에 비해 10배 이상 많다. 이런 사실만 봐도 '안일한 소비'에 대해 다시 한 번 생각해볼 필요가 있다.

안일한 소비는 약물중독과 같다. 소비할 때는 큰 만족감을 얻지만 시간이 흐르면서 만족감은 점차 없어지고 새로운 소비욕망에 사로잡힌다. 소비를 위해 대출을 하다가 파산하는 사람도 있지 않은가.

아무리 소비를 한들 정신을 만족시키지는 못한다. 소비로 일시적인 괴로움을 참아야 하는 악순환이 계속될 뿐이다. 안일한 소비의 끝에 행복한 인생은 없다.

안일한 쾌락과 '몰입(flow)'[25] 만족감

무언가에 몰입하다가 마치 시간이 멈춰버린 듯한 체험을 한 적 있는가. 행복을 느끼는 뇌의 상태로 심리학에서는 이를 '몰입(flow)'이라고 한다.

머릿속을 완전히 비우고 단 한 가지 일에 집중하는 것은 인간에게 매우 큰 만족감을 준다. '몰입'은 헝가리 출신 미국인 심리학자 미하이 칙센트미하이가 주창한 이론이다.

맛있는 음식을 먹거나 TV를 보며 웃는 것은 감각이나 감정을 직접 자극하는 일, 즉 일종의 쾌락이다. 또 소비를 늘리면 쾌락도 증가한다. 이에 반해 '몰입'이 촉진하는 만족감은 쾌락과 같이 쉽게 늘어나는 것이 아니다. 등산가는 힘들게 산에 올라야만 만족감을 얻는다. 헬리콥터

---

25 미하이 칙센트미하이 교수는 자신의 독창적인 저서인 『Flow: The Psychology of Optimal Experience』에서 플로우(flow)라는 용어는 면담을 했던 사람들이 자주 사용했던 말이라고 밝혔다. 후에 셀리그먼도 그런 대답을 한 바 있다. 칙센트미하이 교수가 면담자들에게 가장 만족스러웠을 때 어떤 느낌이었는지 설명해보라고 하자 그들은 "마치 흐름(flow)에 몸을 맡긴 것 같았다"고 대답했다고 한다.

로 산 정상에 발을 딛는 것과는 차원이 다르다. 돈으로 충족감을 살 수는 없다. 그만큼 노력과 기술이 필요하다.

셀리그먼은 '몰입'을 "심리적 자본을 쌓는 상태이며, 미래에 그것을 끄집어내 사용하는 것"이라고 설명한다. 다시 말해 직접적인 보상을 기대하지 않는 행위라는 것이다. '몰입'을 자주 경험하는 사람은 어릴 적부터 어떤 취미를 가지고 스포츠에도 적극적으로 참여하며 집에서도 오랜 시간 공부에 전념하는 성향을 보인다.

반면 '몰입'을 거의 경험해보지 못한 사람의 특성은 TV를 많이 본다는 것이다. 즉 손쉬운 소비에 빠지거나 원초적인 쾌락을 반복할 뿐이라는 얘기다.

안일한 소비를 멈추고 자신이 몰두할 수 있는 것에 투자하면 되지만 실제 행동으로 옮기기는 어렵다. 몰두할 수 있는 일을 발견하기가 쉽지 않기 때문이다. 때문에 보통 사람들은 안일한 소비와 일시적인 쾌락을 추구하게 된다. 그럼 어떻게 하면 몰두할 수 있는 일을 찾을 수 있을까.

좋고 싫음을 확실히 구분하라

가장 확실한 방법은 스스로 좋고 싫음을 명확히 구분하는 것이다. 앞에서 설명했듯이 일상생활 속에서 사소한 것부터 자신의 '선호'를 확실히 의식하지 않고서는 무언가에 몰두할 수 없다.

예를 들어 어릴 적부터 독서를 계속하면 어떤 작가가 쓴, 어떤 책 몇 페이지에 있는 문장이 좋다는 식의 세세한 부분까지 자신의 선호를 넓혀갈 수 있다. 어린 시절 음악에 몰입한 사람은 단순히 좋아하는 음악이나 가수에 머무르지 않는다. 누가 연주한 무슨 곡 어느 부분이라든지 어떤 악기로 연주한 어떤 음역대 소리가 좋다고 확실히 말한다. 그러나 자신의 선호를 찾지 못한 사람에게 좋아하는 음악이란 단지 히트곡 중 가끔 귀에 들어오는 곡이고, 좋아하는 책은 베스트셀러 중 한 권일 것이다.

다음으로 중요한 것은 순간적으로 달성되는 '선호'를 반복하는 게 아니라 중장기적인 목표에 도전할 수 있는 것을 발견하고 노력하는 일이다. 아무리 자신이 좋아하는 일이라고 해도 매일 TV 앞에 앉아 있는 행위로는 '몰입'을 경험할 수 없다. TV는 영상 정보를 그대로 뇌에 전달함으로써 수동적인 인간으로 만들어버리기 때문이다.

TV가 아니라 독서라면 이야기가 달라진다. 활자를 읽는다는 것은 문자기호를 머릿속에서 치환해 이런저런 생각에 몰입할 기회를 준다. 평소에 활자를 읽는 습관이 없으면 독서는 그 자체로 고통이다. 독서가 습관이 되기 위해선 어느 정도 노력이 필요하다. 노력해서 얻은 것만이 '몰입'을 만들어낼 수 있다.

또 맛있는 음식을 먹는 걸 좋아한다면 정말 좋아하는 맛을 찾아 전국을 여행하거나 전 세계로 맛 기행을 떠난다. 그 과정에서 훌륭한 식재료를 찾아내고 맛보는 '몰입'을 경험할 수 있다.

좋아하는 스포츠에 빠져드는 일도 '몰입'을 만들어낼 가능성이 크다. 어떤 스포츠라도 어느 정도 기술을 습득하는 데는 고통을 동반한 반복 연습이 필요하다. 예를 들면 스윙 연습은 별로 즐거운 일이 아니다. 하지만 연습한 결과 시합에서 홈런을 쳤다면 이루 말할 수 없는 기쁨을 누릴 것이다. 달성하는 데는 어려움이 따르지만 스스로 정열을 쏟아 자신의 선호를 찾아내는 것이 중요하다는 얘기다.

좋고 싫음을 명확히 하는 것은 자신을 알아가는 출발점이다. 일상생활에서 아무리 사소한 것에서도 '좋고 싫음'을 구분하고, 어떤 것에 몰두할 수 없다면 시간이 흐르는지도 모르고 몰입할 수 있는 그 무언가를 만날 기회는 없다. 자신이 좋아하는 게 무엇인지도 모르고 인생이라는 큰 무대에서 하고 싶은 일을 찾는다는 것은 나무에 올라 물고기를 구하는 일과 같다.

13장

타고난 행복과 불행

유전인가 환경인가

항상 웃는 얼굴로 사람을 대하는 친구가 있다. 물론 정반대인 친구도 있다. 이런 성격의 차이는 타고난 것일까.

미국 미네소타 대학 행동유전학자인 라이켄(Lykken)과 텔레겐(Tellegen)은 다양한 환경에서 자란 130쌍 이상의 쌍둥이를 10년에 걸쳐 조사했다. 쌍둥이 중에는 일란성, 이란성이 섞여 있었다.

유전자가 같은 일란성 쌍둥이는 전혀 다른 환경에서 자랐음에도 비슷한 수준의 행복도를 보였다. 즉 일란성 쌍둥이 한 명의 행복 정도를 알면 나머지 한 명의 행복 역시 어느 정도 예측이 가능하다는 것이다.

그뿐 아니라 일란성 쌍둥이는 지능지수, 선호하는 정당, 라이프 스타일, 이혼 확률, 종교까지도 닮았다. 그러나 이란성 쌍둥이는 같은 환경에서 자라도 행복도에서 별다른 공통점을 발견할 수 없었다. 단 라이켄은 모든 것이 유전자로 결정되는 것은 아니라는 점도 분명히 했다.

지금까지 이런 유의 연구는 수백 건에 달한다. 쌍둥이 연구와 함께 입양아에 대한 연구도 이어졌다. 입양아의 행복도가 양부모와 낳아준 부모 중 어느 쪽과 닮아가는지 알아보는 것이다.

어느 연구에서건 일관된 결론이 하나 있다. 개인이 느끼는 행복의 약 50%는 유전의 영향이고 나머지 50%는 환경으로 결정된다는 사실이다. 비관적인 성격이나 공포심 같은 감정은 유전적 요소가 강하지만 환경에 의해 바뀔 수도 있다는 것 또한 연구의 명확한 결과물이다. 하지만 성적 기호는 거의 일생 동안 변하지 않는다.

유전적 요소가 강하지만 인생의 반은 자신의 것이다. 여기서 우리가 할 수 있는 것은 행복한 인생을 보내기 위한 최적의 환경을 만드는 일이다.

외향성과 내향성

행복한 인생의 반은 환경으로 결정된다. 그럼 어떤 환경이 행복을 향상시키는 것일까.

네덜란드 호프 대학의 심리학자 마이어즈(D. G. Myers)와 미국 일리노이 대학 심리학과 에드 디에너(Ed Diener) 교수는 학력, 수입, 사회적 지위, 성별, 인종은 개인의 행복에 전혀 영향을 미치지 못한다는 것을 증명해냈다.

영국 뉴캐슬 대학의 대니얼 네틀(Daniel Nettle) 교수는 영국인 6천 명을 대상으로 성격조사를 실시한 결과 행복에 큰 영향을 주는 것은 '신경증적 경향'과 '외향성'이라고 결론지었다.

외향적인 사람은 내성적인 사람보다 자신감이 충만하고 가치 있는 일을 추구하려는 경향이 강하다. 생각이 늘 내면보다는 바깥 세상을 향해 있기 때문에 현상에 만족하지 않고 무언가를 향해 나아가는 성향을 보인다. 이런 태도는 너무 많은 것을 원한 나머지 되레 불만을 야기하는 경우도 있다. 또 위험한 일에 맞닥뜨릴 확률도 높다. 항상 새로운 일에 도전하면 도파민 중독에 걸리기 쉬워 예상치 못한 위험에 빠지기도 쉽다.

외향적인 사람은 불안정한 상황에 빠지기도 한다. 하지만 감성이 풍부하고 사교성도 좋아 주위로부터 도움을 받을 가능성도 높다. 어찌 됐든 외향적인 사람일수록 행복을 느끼기 쉽다.

물론 내성적인 사람에게도 좋은 점이 있다. 예술이나 정치의 세계 등에서 창조성과 지도력을 발휘하는 사람은 일반인보다 신경증적 경향이 강하다. 문학가라면 일반인은 쉽게 구사할 수 없는 문장으로 인간의 내면을 표현하지 않으면 안 된다. 때문에 매우 고독한 작업이다. 특히 무엇인가 혁신적인 것을 창조하려면 주위 사람들과는 다른 행동을 할 필요가 있다. 혁신 뒤에는 반드시 고독한 작업이 수반된다. 그러나 신경질적인 사람은 우울증에 걸리기 쉽다. 어찌 됐건 내성적인 사람이 행복을 별로 느끼지 못하는 것은 틀림없는 사실이다.

미국 메디슨 대학 신경과학자 리처드 데이빗슨(Richard Davidson) 교수는 외향적인 사람과 내성적인 사람은 전두엽에서 분명한 차이가 드러난다는 사실을 밝혀냈다. 즉 우뇌와 좌뇌의 활성도에서 차이를 보인다는 것이다.

데이빗슨은 피실험자에게 두 종류의 영상을 보여주면서 뇌의 활동상태를 기록했다. 한쪽 영상은 원숭이 새끼들이 욕조에서 장난을 치고 있는 장면이고, 다른 한쪽은 어려운 외과수술을 하는 심각한 영상이었다.

보통 좌뇌가 활발한 외향적인 사람은 즐거운 영상에 강한 반응을 보였지만 심각한 영상에는 별 반응이 없었다. 그리고 우뇌가 발달된 내성적인 사람은 즐거운 영상에는 별로 반응하지 않았지만 심각한 영상에는 격한 혐오감과 불안을 드러냈다.

데이빗슨은 좌뇌가 활발한 외향적인 사람이 '네거티브 감정'인 불쾌감, 노여움, 혐오감에 대해 내성이 강하다고 지적했다. 이는 행복감과도 밀접하게 관련이 있다. 이뿐 아니라 육체적인 측면에서도 외향성은 면역 시스템에 긍정적인 영향을 주어 저항력을 높인다는 사실도 증명됐다.

우뇌와 좌뇌의 차이에 대한 매우 흥미로운 사례가 하나 있다. 좌뇌의 일부 기능이 마비돼 몸의 우측이 반신불수가 된 경우 심각한 우울증에 걸리기 쉬운 반면, 우뇌가 마비돼 좌반신불수가 된 사람은 낙천적 성격이 되는 경향이 있다.

데이빗슨은 특히 생후 10개월 된 아이들의 뇌파를 통해 전두엽을 관찰한 결과 그 나이부터 이미 전두엽 중 상대적으로 활발하게 기능하는 부위가 다르다는 것을 발견했다. 좌뇌가 활발하게 기능하는 아이는 엄마가 곁에 없어도 울지 않고 주위를 살폈지만, 우뇌가 활발한 아이는 엄마가 곁을 떠나는 순간 울기 시작했다.

데이빗슨은 10년 후 이들을 다시 조사했다. 그 결과 전두엽 중 활발하게 기능하는 부위가 실험 당시와 반드시 일치하는 것은 아니었다. 또 1만 시간 동안 명상을 한 티베트 승려의 수행 전과 수행 후 뇌파를 측정한 결과 수행 후에는 좌뇌의 활동이 활발해졌다. 즉 환경으로도 뇌의 활동범위가 바뀔 수 있다는 것을 증명했다.

결혼하면 행복한가

영국의 시인 조지 고든 바이런은 "모든 비극은 죽음으로 끝나고 모든 인생극은 결혼으로 막을 내린다"고 했다. 과연 결혼과 행복에는 어떤 관계가 있는 걸까.

마틴 셀리그먼이 전 세계 17개국을 대상으로 행한 조사에서 '매우 행복하다'고 답한 사람 중 40%는 기혼자였으며 이혼, 사별, 별거를 포함한 미혼자는 24%였다.

영국에서는 '전국아동개발조사(NCDS)'라는 대규모 생활 실태조사를 벌인다. 1958년 3월 3일부터 9일까지 1주일 사이에 태어난 모든 영국인을 대상으로 가정환경에서부터 학력, 건강상태까지 추적조사를 실시하는 것이다. 수년 간격으로 개별 청취조사를 시행하기 때문에 현재까지 막대한 데이터가 축적돼 있다. 2009년 조사에서는 응답자의 나이가 50세였다. 조사 대상자 대부분이 결혼을 경험했다.

이들의 행복도를 보면 가장 높은 사람이 기혼자였으며 '동거 중인 사람' '미혼자' '별거' '이혼' '사별' 순으로 행복한 삶을 영위했다. 즉 연애를 하고 있는 사람의 행복도가 더 높았다는 뜻이다. 다만 불만이 가득한 결혼생활을 이어온 사람은 미혼이나 이혼자보다 더 행복하지 못했다.

셀리그먼의 조사와 비교해보면 아주 흥미로운 사실 하나가 발견된다. 미혼자 간 '동거'인 경우 미국과 유럽에서는 순수한 미혼자보다 행복도가 더 높지만, 일본과 중국에서는 동거하는 순간 미혼자보다 더 떨어졌다. 동거로 인해 가해지는 여러 가지 제도적 불합리함과 사회 분위기 때문인 것으로 풀이된다.

서양에서는 동거와 결혼의 법적인 차이가 거의 없다. 상속권도 동등하게 취급된다. 헤어지는 경우에도 이혼과 법적으로 같다. 스웨덴에서는 태어나는 아이의 약 50%가 사실혼 커플에서 생긴다.

우울증에 대한 조사 결과도 흥미롭다. 우울증을 앓는 사람이 가장 많은 그룹은 두 번 이상 이혼을 경험한 사람들이었다. 그다음으로 '동거 중' '한 번 이혼을 경험한 사람' '결혼한 적이 없는 사람' 순이었다. 우울증을 앓는 사람이 가장 적은 그룹은 '결혼 상태를 유지하고 있는 사람들'이었다.

조사 결과 중 특이한 것은 '최근 일어난 일 중 가장 싫었던 것은 무엇인가'라는 질문에 과반수 이상이 인간관계의 파국을 꼽았다는 점이다. 심적 고통의 가장 큰 원인이 소중한 사람과의 이별이라는 것이다. 이혼의 증가와 우울증이 밀접한 관련이 있다고 추측해볼 수 있는 결과다.

결혼이 정말로 행복을 가져다주는 걸까. 아니면 처음부터 행복한 사람이 결혼하는 걸까.

독일에서는 2만 4천 명을 대상으로 행복에 대해 최장 15년의 추적조사를 실시한 적이 있다. 그 결과 결혼한 사람은 처음부터 비교적 행복했다는 걸 알 수 있었다.

평소에 행복한 사람은 사교성도 좋고 연애할 기회도 많을 것이다. 또 행복감을 느끼는 사람은 평소에 긍정적인 성향이 강하기 때문에 어려운 일에 부딪혀도 슬기롭게 대처할 확률이 높다. 어려움을 극복할 수 있으면 두 사람 간의 유대감이 깊어지는 건 당연한 일이다. 반면 평소에 별로 행복하지 못한 사람은 좋은 사람과 만날 기회도 없고 결혼을 하더라도 상대의 부정적인 부분만 신경을 쓰다 보니 결혼생활을 오래 유지하지 못할 가능성이 높다.

14장

남의 떡이 더 커 보인다

위치재산과 비위치재산

1950년대 일본에서는 'TV, 냉장고, 세탁기'를 '3대 신기(神器)'라고 불렀다. 사람들은 이들 제품을 갖는 걸 꿈으로 여겼다. 하지만 오늘날 일본에서 이들 제품을 갖고 있지 않은 사람은 거의 없다. 지난 2003년 고이즈미 전 수상은 '식기세척기, 초박형TV, 카메라 부착 휴대폰'을 '신(新) 3대 신기'라고 명명했다.

물질적 만족도의 크기는 타인과의 비교로 좌우된다. 미국 경제학자 로버트 프랭크(Robert Frank)는 이를 '위치재산(位置財産)'이라고 불렀다.

올림픽에서 은메달보다 동메달을 획득한 선수의 행복이 더 크다는 조사 결과가 있다. 원래대로라면 금, 은, 동 순이겠지만 은메달을 딴 선수는 '한 발짝 모자라 금메달을 놓쳤다'고 생각하게 된다. 반면 동메달을 딴 선수는 '메달을 따게 돼 다행'이라는 느낌이 크다. '메달 획득'과 '노메달'이라는 하늘과 땅 차이의 위치가 금, 은, 동의 지위를 넘어서버리는 것이다.

'위치재산'에 대한 욕구는 무한하다. 물론 세계 최고 부자, 최고의 권력, 최상의 외모, 두뇌 등 다른 사람과 비교해 모든 것이 최고라면 얘기는 달라진다. 만약 그런 인물이 현실에 존재한다면 그는 아마도 만족할 만한 '위치재산'을 가진 유일한 인물이 될 것이다. 이에 반해 자신만의 가치로 소중함이 결정되는 것을 '비(非)위치재산'이라고 한다. 건강이나 자유 같은 것들이다.

그렇다면 '비위치재산'만으로 만족하고 살면 되지 않느냐고 생각할 수 있지만 그게 간단치 않다. 위치재산에 대한 욕구를 억누르기가 쉽지 않기 때문이다. 이는 인류가 진화해온 과정 그 자체다.

비교할 수 없는 가치에서 비롯되는 행복

지구 최초의 생명체는 약 40억 년 전에 탄생했다. 급변하는 환경 속에서 살아남아 종족을 번식하는 데는 동종 간 경쟁뿐 아니라 다른 종과의 생존경쟁, 환경에 대한 적응력이 필요했다. 2억 5천만 년 전 '페름기'[26]에는 지구 해양생물의 96%가 사라졌고 육상생물의 70%가 멸종했다고 한다. 지구 역사상 최대의 대규모 멸종이었다.

생물의 대규모 멸종은 지금까지 다섯 번 일어났다. 최후의 멸종은 6천500만 년 전 공룡이었다. 그 후 지구는 포유류의 전성기가 됐다. 대규모 멸종의 원인이 된 환경의 재앙은 최강의 종, 예를 들면 공룡을 순식간에 멸종시켜버렸다. 이때 생명체의 생존 여부는 단지 운명의 문제

---

[26] 2억 7천만 년 전부터 2억 3천만 년 전까지의 지질시대를 일컫는다. 우랄산맥 서쪽의 페름시 부근에 잘 발달된 지층을 페름계로 부른 데서 연유한 말로 공룡이 등장하기 전의 지구다.

다. 반면 생명체가 대규모 멸종을 겪을 정도로 거대한 환경 변화가 없을 경우 생명체의 생존과 번식은 주어진 환경에 어떻게 적응해 나가는가에 달려 있다. 이때는 다른 종과의 경쟁에서 승리하는 것이 매우 중요하다.

환경 적응력을 높이기 위해서는 개별 경쟁력을 키워야 한다. 개개의 종이 더 높은 '위치재산'을 희망함으로써 종 전체의 경쟁력을 높이는 것이다. 예를 들면, 산림 속 나무 한 그루 한 그루가 키를 더 키움으로써 더 많은 햇볕을 얻는다. 즉 더 높이 올라가는 것이 나무의 생존확률을 높인다는 뜻이다. 결과적으로 어떤 종은 수십 미터까지 올라가 생존하고 어떤 종은 경쟁에서 도태돼 지구 상에서 사라진다.

'위치재산'에 대한 인간의 욕구도 기본적으로 산림 속 나무와 다르지 않다. 하지만 인류는 나무와 달리 살아남는 것 자체만으로는 만족하지 않았다. 진화를 거듭할수록 인류는 더 좋은 인생, 행복한 인생을 희망하게 됐다. 물론 인류도 생물의 본성인 '위치재산'의 유혹을 무시하면서 살 수는 없다.

남의 떡이 커 보이는 법이다. 단지 '위치재산'을 향한 끝없는 욕망을 좀 줄이고 '비위치재산'과 같은 질적인 가치에 좀 더 많은 관심을 두는 것이 행복으로 가는 지름길임에는 틀림없어 보인다.

행복의 진화론

인간의 DNA에 새겨진 부정적인 감정

　동물의 왕인 사자에게 얼룩말은 최고의 먹잇감이다. 사자를 발견한 얼룩말은 전속력으로 도망친다. 얼룩말을 도망치게 하는 것은 '공포심'이지만 사자를 달리게 하는 것은 먹이를 향한 욕망이다. 아무리 피곤하고 아파도 얼룩말은 전력을 다해 도망칠 수밖에 없다.

　욕망에 사로잡힌 사자가 얼룩말을 놓쳤다고 해서 당장 죽는 건 아니다. 다른 먹잇감을 찾으면 되기 때문이다. 사자의 욕망은 생존을 위한 최우선의 목적이 아니라는 것이다. 지친 사자가 도중에 얼룩말 사냥을 포기하더라도 얼룩말은 도망치는 걸 포기할 수 없다. 다시 말해 공포와 욕망 중 공포가 동물의 행동을 좌지우지하는 강력한 기제라는 것이다.

　인간도 마찬가지다. 공포심뿐 아니라 질투, 수치심 등 부정적인 감정이 무의식적으로 우리들의 마음을 지배한다.

　애인과 함께 그림같이 아름다운 해변에서 달콤한 휴식을 보내고 있다고 가정해보자. 그런데 갑자기 근처에서 도로공사를 하면서 소음이 크게 들리기 시작한다. 이럴 때 우리는 휴식 전체가 깨져버렸다고 느낀다. 아무리 완벽한 상황이라도 소음이라고 하는 한 가지 부정적 요소로 인해 전체가 망가졌다고 생각해버리는 것이다.

살인과 같은 끔찍한 뉴스는 항상 크게 보도된다. 마치 살인이 생활의 일부가 된 듯한 착각이 들 정도다. 그러나 실제 살인 피해자가 될 확률은 매우 낮다. 비행기가 무섭다고 느끼는 사람은 많지만 1회 비행으로 죽을 확률은 800만분의 1이라고 한다. 매일 한 번씩 비행기를 타더라도 사고로 죽는 데는 2만 1천 년이 걸린다는 계산이다.

이밖에도 스스로 의식하지 않으려 해도 머릿속에서 고민이 떠나질 않는 경험은 누구나 갖고 있다. 이 역시 한 가지 부정적인 요소가 머릿속에서 없어지지 않기 때문이다.

석기시대 인류는 항상 위험한 적에 둘러싸여 있어 사는 것보다 죽을 확률이 더 높았다. 때문에 인간 역시 얼룩말과 같이 부정적인 것에 민감하게 반응하도록 진화해왔다. 이는 최근 뇌파를 측정한 연구를 통해서도 실증된 것이다.

최초의 인류로 불리는 오스트랄로피테쿠스가 등장한 것은 약 500만 년 전이다. 인류의 가장 오래된 문명은 약 4천 년 전에 탄생했다. 초기 인류의 등장과 비교해보면 인간이 문명생활을 한 시간은 겨우 0.08%에 불과하다. 때문에 수백만 년에 걸쳐서 우리의 DNA에 새겨진 부정적 감정은 그렇게 간단히 없앨 수 있는 게 아니라는 뜻이다.

물론 현대 사회에서는 부정적인 감정이 전혀 없어도 살아남기 어렵다. 경계심이 없으면 아마도 '봉' 취급을 당할 것이다. 게다가 경계심이 없었다면 인류는 자연도태되었을 가능성이 크다.

편안하게 행복해지는 길은 없다

세상에는 부정적인 사람과 긍정적인 사람이 섞여 있다. 앞에서 언급했지만 부정적인 사람은 우울증에 걸리기 쉽고 불행한 인생을 살 확률이 높다. 또 불행한 사람은 평생 파트너로서 오랜 시간 같이 살아갈 확률도 낮다. 부정적인 감정이 강한 사람은 출산율도 낮을 가능성이 크다. 때문에 불행한 사람의 유전자는 어쩌면 자연도태되고 있다고 할 수 있다.

그러나 노력을 통해 긍정적인 감정을 키울 수 있다는 사실도 알아야 한다. 최근 유행하는 것 중 '인지행동요법'이라는 게 있다. '테라피스트'를 통해 부정적인 사고 패턴을 멈추고, 그것이 얼마나 쓸데없는 것인지 상담을 통해 치료하는 방법이다. 이른바 '부(否)의 나선효과'를 만들어내는 감정의 불합리함을 명확히 인식함으로써 서서히 개선시키는 요법이다.

물론 부정적인 감정이 줄어들었다고 해서 금방 긍정적인 감정으로 바뀌는 것은 아니다. 긍정적인 감정을 생성하는 데는 자발적이고 적극적인 인생을 살아가는 방법밖에 없을지 모른다. 편안하게 행복해지는 길은 없기 때문이다.

4부

행복을 가로막는 문화

문화와 전통이라는 이름의 환상

문화는 보편적인 것이다

서구 개인주의 사상은 '신과의 계약'이라는 기독교 정신을 근저에 깔고 있어 종교관이 다른 일본인에게는 어울리지 않는다고 말하는 사람들이 있다.

좀 생각해보자. 그러면 민주주의는 어떻게 일본에 정착되었겠나. 민주주의는 고대 그리스에서 태동해 근대 유럽 시민혁명을 통해 널리 퍼져 나갔다. 이 역시 일본의 전통이 아니다.

'인권'은 어떤가. 일본에서는 에도 시대까지 엄격한 신분제도가 유지돼 태생과 성별에 따라 차별 받는 게 당연했다. 그렇다면 일본에서는 인권을 무시하는 행태를 문화의 차이라는 이유로 당연시해도 된다는 말인가.

유사 이래 일본은 해외에서 지식과 기술을 들여와 독자적인 것으로 만들어왔다. 이것이 일본을 일본답게 하는 본질이다. 문화란 다른 나라와 영향을 서로 주고받으며 진화하는 것이다.

　어떤 문화에나 보편성이 존재한다. 앞에서도 언급했지만 인간의 '표정'은 인류 공통이다. 대칭되는 것을 아름답다고 느끼고 황금비율을 좋아하는 경향과 불협화음을 불쾌해하는 청각, 근친상간에 대한 터부 등은 세계 어느 문화에나 있는 것들이다.

　인간은 모두 아프리카에서 탄생한 인류의 자손이다. 어쩌면 문화의 차이보다 공통점을 찾는 게 더 간단할지 모른다. 지리적 조건으로 생활습관이 변해도 기본적 신체조건에는 큰 차이가 없다.

　도쿄 미나토 구(港区)에 있는 외국계 기업에 근무하는 일본인 비즈니스맨은 아오모리 현(青森縣)에 사는 농부보다 뉴욕 맨해튼이나 런던 첼시에 사는 외국 비즈니스맨과 더 많은 공통점을 갖고 있다. 생활 스타일뿐 아니라 취미나 취향, 정치적인 생각 등도 비슷한 점이 더 많다.

　문화교류에는 일방적 흐름이란 없다. 일본의 우키요에(浮世繪)[27]가 고흐와 모네의 회화에 큰 영향을 준 것처럼 문화는 상호 간섭하면서 좋은 것을 취하고 나쁜 것은 배제해간다. 그런 취사선택의 차이가 문화의 다양성을 만든다.

　어느 나라 문화라도 시간과 함께 변하기 때문에 서양과 동양이라는 단순구조로 문화를 바라봐선 안 된다. 자기 나라 문화를 지키는 일을 무조건 옳은 일로 취급하는 경향이 있지만 많은 경우 이는 '지금까지 그렇게 해왔으니까 앞으로도 똑같이 하자'는 말과 다르지 않다.

　아무리 일본 문화라 해도 특권계급이었던 무사를 부활시키고 살인

27　일본의 무로마치(室町) 시대부터 에도(江戶) 시대 말기(14~19세기)에 서민생활을 기조로 제작된 회화의 한 양식이다. 일반적으로는 목판화를 뜻하며 그림 내용은 대부분 풍속화다. 메이지(明治) 시대(1868~1912)에 들어서면서 사진, 기계, 인쇄 등의 유입으로 쇠퇴했으나 당시 유럽인들에게 호평을 받으면서 프랑스 화단에 영향을 주기도 했다.

조차 용인해준 '기리스테고맨'[28]을 인정할 수는 없는 노릇이다. 전통이기 때문에 계승한다는 생각도 내용 나름이다. 전통 그 자체만을 위한 전통은 필요치 않을 뿐 아니라 사람들에게 악영향을 줄 우려가 크다. 하물며 개인에게 행복감을 주지 못하는 전통이라면 계승하는 게 무슨 의미가 있는지 생각해볼 필요가 있지 않을까.

개인의 자유와 인권을 경시하는 문화는 버려야

일본 문화란 대체 무엇이란 말인가. 약 1천500년 전부터 일본은 중국, 한국과 교류해 문자에서부터 생활양식, 기술 등을 들여와 독자적으로 발전시켰다. 18세기 산업혁명 이후에는 서양에서 과학과 기술, 사회체제를 받아들였다.

일본의 문화라고 해도 조몽, 라쇼부터 다이와 시대의 문화, 나라, 헤이안 시대의 귀족문화, 가마쿠라 시대의 무사문화, 그리고 근대의 메이지와 다이쇼, 쇼와, 헤이세이 시대까지 저마다 다른 특색을 갖고 있다. 지역에 따라서도 큰 차이를 보인다. 단순히 '이것이 일본 문화'라고 특정할 수는 없다.

문화란 '특정 지역의 특정 시간 축에서 특정 사람에게 공유되는 가치관이나 관습, 그리고 가공제품'을 가리킨다. 반대로 말하면 어떤 것이라도 '문화'라고 부를 수 있다. 때문에 일본인이 앞으로 '집단주의'에서 '개인주의' 성향으로 바뀌더라도 일본 문화는 없어지지 않고 지금과는 다른 형태의 문화로 발전해갈 것이라는 얘기다.

---

28 농민이나 상공인이 무사에게 무례를 범했을 때 칼로 쳐죽여도 상관없다는 불문율. 에도 시대 때까지 존재했다고 알려진다.

역사적으로 볼 때 근대화의 파도는 인류의 역사를 크게 바꿨다. 근대화의 대표적인 흐름은 민주화와 인권 보호다. 간단히 말하면 '개인의 생각과 행동을 최대한 존중한다'는 생각이다.

인권 보호는 인종을 포함해 모든 편견과 차별 철폐를 주창한 시대적 흐름이다. 한 사람 한 사람이 개인으로서 침해 받지 않을 권리, 즉 존엄성을 갖는다는 발상이다. 이는 일본 헌법에 보장된 '기본적 인권의 존중'과도 일맥상통한다.

물론 문화를 지키는 것 자체는 나쁜 일이 아니다. 일본의 전통건축은 세계에서도 유례를 찾을 없을 만큼 우수하며 기능성을 겸비한 것으로 평가 받는다. 지방의 아름다운 전원 풍경도 유지돼야 한다. 그밖에도 일본의 전통으로 훌륭한 것들은 매우 많다.

하지만 개인의 자유를 경시하고 타인과 사회적 약자, 즉 소수자에 관대하지 않은 사회 분위기를 '문화'라는 이름으로 정당화해선 안 된다. '문화를 지킨다'는 것이 변화에 대한 거부로 이해돼선 안 된다.

문화는 결코 성역이 돼선 안 된다. 현재를 살아가는 사람들이 더 행복해지는 사회를 만드는 데 도움이 돼야 문화로서의 가치가 있는 것이다. 그러기 위해서는 일본도 이제 '전통'이라는 속박에서 해방돼야 한다.

영어가 안 되는 진짜 이유

내가 예전에 근무했던 외국계 증권사에서는 영어가 공용어였다. 사내 메모부터 회의까지 전부 영어를 썼다. 물론 일본인끼리는 일본어로 대화하지만 일본인 사원의 이름을 한자로 어떻게 표기하는지 알 수 있는 기회는 거의 없었다.

그런 환경에서 근무하는 사람 중 외국인 직원과 친밀하게 교류하는 일본인은 의외로 적었다. 미국의 초일류 대학에서 MBA를 취득한 사람도 많지만 업무시간 이외에는 외국인 직원들과 교류하지 않았다.

오랫동안 외국계 회사에 근무해 영어에 전혀 문제가 없던 사람도 외국인과 식사하러 가는 것을 '요코메시(불편한 식사)'[29]라고 부르며 '밥맛 없어지니까 요코메시는 싫다'고 말하는 사람도 많다.

중학교와 고등학교 6년, 대학교 2학년 때까지 매우 오랜 시간 영어를 의무적으로 배우면서도 대부분의 일본인은 영어로 대화할 줄 모른다. 영어회화가 안 되는 교사가 많아서 그렇다는 지적도 있지만, 회화가 중시되지 않는 일본의 영어교육법에 문제가 있는 것은 틀림이 없다. 또 유럽 사람들이 영어를 배우는 것과 일본인이 영어를 배우는 것에는 근본적으로 차이가 있는 것 또한 부인할 수 없는 사실이다.

하지만 일본인이 영어가 안 되는 이유는 따로 있다. 일상생활 속 대화가 어떻게 진행되는지 보면 알 수 있다.

일본인들은 누군가와 대화를 할 때 정면으로 반대 의견을 제시하는 걸 터부시한다. 논리적으로 틀려도 직접 '그것은 틀렸다'고 주장하면 상대에게 불쾌감을 줄 수 있다며 꺼린다.

일본인의 대화에는 내용이 정확한지 틀렸는지는 별로 중요하지 않고, 상대의 기분을 상하지 않게 하는 것이 더 중요하다. 가능하면 기발한 의견은 내지 않는 게 좋고, 다른 의견이 있어도 겉으로 꺼내지 않아야 좋은 인간관계를 유지할 수 있다고 생각한다. 보통 자신의 주장을 표현할 기회가 없으면 자신의 머릿속에서 독창적인 사고를 끄집어낼 기회도 적어진다.

---

29 직역하면 '가로식사'라는 뜻이다. 일본의 신문이나 출판물은 세로쓰기가 기본이다. 일본인들은 가로쓰기를 하는 영어를 '요코모지(よこ-もじ)'라고 부른다. 보는 데 불편한 글자라는 의미다. 즉 요코메시는 불편한 식사라는 뜻이다.

이런 커뮤니케이션 방식은 일본인끼리는 문제가 없을지 모른다. 그런데 외국인이 갑자기 '임신중절에 대해 어떻게 생각하느냐'고 물으면 어떻게 대답할까. 평소에 다양한 테마를 두고 의견을 나눠본 습관이 없으면 자기 나름의 주장을 쉽게 내놓지 못한다. 아무리 영어 문법을 외우고 영어 단어를 기억해도 '남녀평등에 대해 어떻게 생각하느냐'는 질문에 답을 하는 것은 영어의 문제가 아니다.

다양한 국적을 가진 사람들이 모인 영어학원에서 자신의 의견을 확실히 표현하는 일본인은 많지 않다. 미국이나 영국 대학에 유학 중인 일본인들도 수업 중에 적극적으로 발언하는 사람은 찾아보기 어렵다. 평소에 비판 정신을 가지고 주위 사람들과 의견을 교환하며 생각을 심화시키는 과정을 밟아본 경험이 없는 사람이 갑자기 외국인을 만나 영어로 자기 의견을 술술 풀어놓을 수는 없다.

IQ가 아무리 높고 풍부한 지식이 있어도 사고하는 훈련을 하지 않으면 자기주장을 펼 수 없다. 생각한다는 것은 근력을 키우는 것과 같아서 평소에 연습하지 않으면 안 된다.

문화와 생활습관이 다른 사람과 대화할 때 공통의 화제를 찾기란 쉽지 않다. 하지만 자기의견이 확실하다면 어떤 화제라도 자신의 의견을 표현할 수 있다. 의견이 없으면 이질적 문화를 가진 사람과의 대화는 금방 끝나버릴 것이다.

평소에 어떤 것을 생각한다는 것은 자신이 '무엇을 좋아하고, 무엇을 싫어하는지' 자각하는 것이다. 어느 쪽이든 자신의 개성을 드러내는 것, 그리고 '왜'라는 의문을 가지는 것이 생각의 첫걸음이다.

한 사람 한 사람이 서로 다른 정보를 제안해야 다양한 의견이 생긴다. 의견을 교환해야 신뢰 높은 대화를 시작할 수 있다. 평소 대화하는 것에 익숙해 있으면 자신의 의견을 정확히 표현하는 것도 쉬워진다. 물론 외국어로 금방 잘 표현하진 못할 것이다.

이는 어린아이가 언어를 배우는 과정과 같다. 유아기에는 우는 것 말고는 자신을 표현할 방법이 없다. 하지만 조금씩 언어를 배우면 말로 표현하려고 온갖 애를 쓴다. 어떤 식으로든 상대에게 전달하려는 강한 의지가 있기 때문에 자기표현이 가능해지는 것이다. 이는 아이나 어른이나 마찬가지다. 하고 싶은 말이 많으면 아무리 외국어라도 표현하려는 의욕이 커진다.

외국어 학습은 단순히 새로운 단어를 외우는 것이 아니다. 타국의 생활습관이나 사고방식을 둘러싼 모든 환경을 배우는 것이다. 또 이질적인 문화를 가진 사람과 사귈 기회를 얻는 것이다. 외국어로 직접 정보를 얻음으로써 자국어라는 필터가 없이 전혀 다른 관점에서 사물을 볼 수 있게 해준다. 최근 뇌과학 연구를 보면 외국어 학습이 뇌를 활성화시킨다는 보고가 있다.

일본 문화과학성은 2011년부터 소학교 5학년, 6학년부터 영어학습을 의무화했다. 문법이나 단어만 익히는 게 아니라 말하기와 듣기를 중심으로 수업을 진행한다고 한다.

조기에 회화 중심으로 영어를 가르치는 것은 좋은 일이다. 그러나 소학교부터 치열한 토론과 논쟁의 장을 만들어주는 것이 장기적으로는 영어를 제대로 구사할 수 있는 사람을 만드는 길이다.

대화와 토론에서 자신의 생각을 설명하는 데 필요한 지식은 단순 암기된 것과는 차원이 다르다. 그 지식이 바로 자신의 피가 되고 살이 되기 때문이다. 그렇게 습득한 종합적인 지식은 인격 형성뿐 아니라 교육 전체에도 아주 유효하다. 더욱이 다른 문화권 사람과 커뮤니케이션하는 데도 매우 중요한 기술이 된다.

17장

자기주장을 배척하는 '이심전심'의 문화

'이심전심'의 딜레마

일본을 처음 방문한 외국인은 일본인의 세심한 배려에 감동한다. 그러나 일본에서 생활하는 외국인은 그런 느낌을 받지 못한다. 이들은 한결같이 일본 생활의 어려움을 토로한다. 언어의 장벽 때문이 아니다.

단기간 일본에 체류할 경우 일본인은 외국인에 대해 고객으로서 '정성을 다해(오모테나시)' 맞이해준다. 고급 여관에 숙박해보면 알 수 있다. 원하는 걸 자동으로 해결해주기 때문에 마치 왕이 된 듯한 착각이 들 정도다.

반면 일본에서 실제로 생활하게 되면 더 이상의 고객 대접은 없다. 서로 신경을 써야 할 관계로 바뀌었기 때문에 외국인도 일본인에 대해 세심한 신경을 쓰지 않으면 안 된다. 이른바 '이심전심'으로 서로를 불편하게 만들지 않아야 한다는 것이다.

하지만 생활습관이 다른 외국인에게 일본인의 '이심전심' 정신을 요구하는 것은 무척 어려운 일이다. 불편한 게 있어도 말을 하지 않는데, 어떻게 상대방의 기분을 이해할 수 있단 말인가. 그래서 외국인들은 일본인에 대해 '도대체 무엇을 생각하는지 알 수 없다'고들 말한다.

'이심전심'은 일본에만 존재하는 의사소통 방법이 아니다. 어느 나라에서도 오래된 부부, 친구 사이에는 말을 하지 않아도 서로 무엇을 원하는지 눈치 챌 수 있다.

그러나 일본에서는 상대가 누군지, 어떤 상태인지 신경을 써야 한다. 때문에 일본인끼리도 생활환경이 다르면 의사소통에 착오가 발생하기도 한다. 무슨 문제가 있는지 물어보지도 않기 때문에 서로 오해를 한 채로 지내는 경우가 허다하다.

말하지 않아도 서로에 대해 신경을 써주는 것 자체는 나쁜 게 아니다. 하지만 다양한 가치관이 존재하는 현대 사회에서는 대화를 통해 서로의 의사를 확인하는 것이 결과적으로 더 확실한 소통 방법이다. 아무리 친한 관계라도 확실한 말로 의사소통하면 오해도 없앨 수 있고 인간관계도 더 친밀해질 것이다. 그런데 일본인은 확실한 의사소통 방법을 애써 외면하며 생활한다. 참 피곤한 일이다.

자기를 표현할 줄 모르는 '무기질 인간'들의 사회

자기주장을 확실히 표현하는 것은 피곤한 일이라고 여기는 일본인들이 많다. 물론 아무 말도 하지 않았는데, 주위 사람들이 자기가 원하는 걸 들어준다면 그보다 좋은 일이 없다. 하지만 그렇게 되기 위해서는 자신 역시 상대의 기분과 상태를 최대한 신경 써줘야 한다. 또 상대의 기분을 민감하게 체크해 원하는 것을 들어주는 '실행능력'이 요구된다.

그렇다면 '서로에 대해 민감하게 신경 써주는 것'과 '대화를 통해 원하는 것을 표현하는 것' 중 어느 쪽이 더 피곤한 일인가. '주위를 신경 쓴다'는 것은 가족, 친구, 직장, 공공장소 등 다양한 환경 속에서 다른 사람이 무엇을 바라는지 알아야 하는 일이다. 하지만 자기표현과 주장은 '내가 무엇을 바라는지'만 알면 되는 일이다.

'자기주장은 피곤한 일'이라고 생각하는 사람은 아마도 평소에 자신이 원하는 게 무엇인지 자각하지 못하고 있음이 분명하다. 서로에 대해 민감하게 '신경을 쓰는 사회', 즉 일본과 같은 사회에선 상대가 아무 말 없이 자신을 알아줄 것을 기다리며, 만약 상대가 알아주거나 눈치 채지 못하면 '배려심이 없는 사람'이라는 낙인을 찍어버린다. 이런 커뮤니케이션 방식이야말로 서로의 심신을 피곤하게 만드는 일이다.

평소에 자기표현을 확실히 하면서 조금씩이라도 서로에게 말을 걸면 그동안 지레짐작만 했던 것들을 분명히 알 수 있다. 좋은 것은 좋고 싫은 것은 싫다고 명확히 주장하는 것이 더 깊고 친밀한 인간관계를 만드는 데 도움을 준다.

서로 친밀한 관계에서는 일본인끼리도 별로 신경을 쓰지 않는다. 눈치 보지 않고 서로 말하고 싶은 것을 말하기 때문이다.

자기주장은 곧 개성이다. 다른 사람의 기분만 온통 신경 쓰며 침묵하고 있거나 상대가 신경 써주길 기다리고 있으면 점점 자신이 무엇을 하고 싶은 건지 알 수 없게 된다.

개인보다 집단이 우선시되는 환경에서는 최소한의 자기표현밖에 용납되지 않는다. 어른이 해맑게 웃고 있으면 '애도 아니고 무슨 짓이냐'며 욕하고, 싫어하는 음식이 있어 가려먹으면 어른이 덜 됐다며 놀림을 받는다. 좋고 싫음을 확실히 얘기하면 버릇이 없다고 욕 먹는다. 그래서 자신을 죽이고 다른 사람과 똑같이 되기 위해 부단히 노력한다. 타인과 자신을 일체화하는 획일적 사회가 되는 것이다.

일본에서 성인이 된다는 것은 자기표현을 확실히 하지 않는 '무기질 인간'이 되는 것을 의미한다. 그 속에서 얼마나 많은 인격과 개성이 희생되는지는 굳이 말하지 않아도 알 수 있을 것이다.

18장

집단의 권위로 대화를 막는 사회

상식에 어긋나면 무조건 이기적인가?

최근 일본에서는 이른바 '몬스터 부모'[30]와 '몬스터 환자'[31]의 존재가 사회문제화한 적이 있다. 실제 있었던 사례다.

몬스터 부모의 예
- 생활이 어렵지도 않은데, 급식비나 보육비를 지불하지 않는다.
- 아이가 돌을 던져 학교 창문을 깼는데 '아이가 던진 돌로 깨질 정도로 약한 유리에 문제가 있다' '아이가 던지고 싶을 정도로 돌을 방치한 학교가 나쁘다'라고 반론한다.
- '차렷' 구령은 군대에서나 하는 것이지 학교에서 해선 안 된다고 요

---

30 교사에게 자신의 아이만을 위하여 무리한 요구를 하는 부모를 이르는 말.
31 의사의 진료방식이나 대기 시간에 대한 불만으로 폭언이나 폭행을 하는 사람을 이르는 말.

구한다.
- 일 때문에 바쁜 부모와 아이를 위해 아침식사를 준비해달라, 먹는 사람이 실비를 내면 된다고 요구한다.

몬스터 환자의 예
- '만약 수술하다가 무슨 일이 생기면 죽여버리겠다'며 의사를 협박하고 칼을 들이댄다.
- 치료가 끝났는데 퇴원을 거부한 채 치료비를 체납하고, 납부할 것을 요구한 병원 직원을 되레 협박한다.
- 대학병원으로 옮길 것을 권고 받자 교통비가 아깝다며 거부한다.

위 사례는 크게 두 가지로 분류된다. 하나는 이기주의자의 이해할 수 없는 요구로, 위법행위거나 단순한 헛소리다. 요구를 받아들이면 요구하는 쪽이 이익을 보게 된다. 다른 하나는 정당한 요구를 하고 있음에도 '몬스터' 딱지가 붙어버린 경우다.

좀 더 구체적으로 따져보자. 급식비나 교육비를 지불하지 않는 것은 위법행위다. '깨지는 유리창이 나쁘다'는 주장은 단순 억지이며, 의사를 협박한 것과 치료비를 지불하지 않은 것은 위법행위다.

이기주의자는 자신의 이익을 최대한 주장하고 타인의 자유와 권리는 무시한다.

만약 누군가를 협박하면 협박죄로 경찰에 고소해야 한다. 의료비 지불을 거부하는 것은 사기죄에 해당한다. 경고를 무시하면 경찰에 고소하면 된다. 학교와 병원은 경찰 등 사법기관과 협력해 이런 사람들을 처벌할 대책을 짜야 할 것이다. 공갈행위가 포함된 폭력은 장소를 불문하고 엄격하게 처벌하면 된다.

몬스터 처분 모델

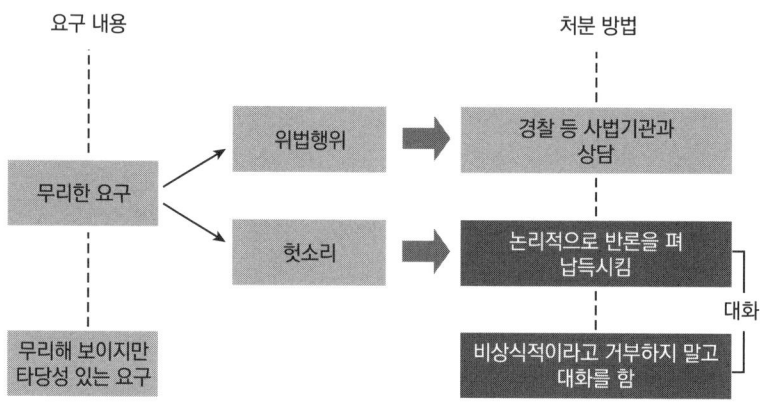

그런데 많은 경우 '몬스터' 사례는 '깨진 유리창이 나쁘다'고 하듯 단순 억지에 불과하다. 그럼에도 불구하고 대응하는 쪽이 파문을 일으키기 싫어 어쩔 수 없이 억지 요구를 받아들이는 경우가 많다. 그러면 이기주의자가 이익을 보는 사회, 즉 '먼저 불만을 말한 자가 승리'하는 사회가 되는 것이다.

억지 주장에 대해 확실한 반론을 제기하지 않으면 이기주의자는 억지가 통한다고 생각하고 계속해서 이용해 먹는다. 하지만 근본적인 문제는 두 번째 사례다.

'군대식 구령을 그만둬라' '아침식사를 준비해달라'는 주장은 무리한 요구가 아니다. 오히려 흥미 있는 제안이다. 학교나 사회에서 군대식 구령은 없어져야 한다. 구령은 집단주의의 상징이다.

'아침식사를 준비해달라'는 요구는 새로운 비즈니스의 제안이 될 수 있다. 물론 요구를 받아들일지 말지는 별개의 문제다. 적어도 새로운 발상이나 제안은 적극 권장해야 할 일이다.

다른 병원으로 옮기는 걸 거부한 것은 의사가 위험을 충분히 설명한

후라면 그 선택은 개인의 자유다. 어리석은 판단이라고 생각되지만 이것이 '몬스터', 즉 이기주의적인 행위라고는 생각되지 않는다.

가장 큰 문제는 다양한 요구 자체를 악(惡)으로 결론 내버리는 것이다. 즉 '상식에서 벗어난 주장은 하지 말라'고 강요하는 사회 풍조가 잘못됐다는 얘기다. 이는 상식이라는 무기로 생각과 행동을 구속하는 짓이다.

'상식은 누구나 이해하는 것'이기 때문에 반드시 따라야 한다고 생각하는 사람이 많다. 가령 앞의 예처럼 '아침식사를 준비해달라'는 주장에 대해 좋은 건지 나쁜 건지 따져보지도 않고 '비상식적인 요구'라며 잘라 버린다는 것이다.

하지만 급변하는 환경, 다양한 이해관계가 충돌하고 입장과 관점의 차이가 큰 시대에 단순히 상식이라는 말 하나로 해결할 수 있는 건 없다. 상식에 반한 요구라고 해서 무조건 받아들일 수 없다고 판단해버리면 안 된다. 상식과 다른 제안이나 주장을 눌러버리면 사회적으로 큰 손실이다. 건강한 사회는 하고 싶은 말을 할 수 있는 사회다. '비상식적인 것'에 '몬스터' 딱지를 붙이는 사회는 폐쇄적이고 관대하지 못한 사회다.

인간은 누구나 실수한다. 착각할 수도 있다. 이해되지 않는 주장도 어쩌면 단순한 착각에서 비롯된 것일 수 있다. 대화를 하면 그것이 실수인지 착각인지 명확해진다.

기발한 의견은 발상의 전환을 가져다준다. 그런 이야기에 귀를 기울이지 않는 일부 폐쇄적인 인간 때문에 진보의 길이 막혀선 안 된다.

개인의 의견이 곧 개인이 속한 집단의 주장이라고?

자원의 대부분을 수입해 공업제품 수출로 먹고살아온 일본은 지금도 다른 나라와 교류가 없으면 생존이 불가능하다. 국제관계에서 상대가 일본과 비슷한 관습을 가진 나라라면 별문제가 없겠지만 200개국에 가까운 나라와 상대할 때, 그것도 이해관계가 첨예하게 대립할 때는 '눈치 보기' 외교로는 안 된다.

예를 들면 미국의 한 신문 칼럼에 일본에 대한 부정적인 의견이 실렸다고 하자. 일본의 언론들은 '미국이 화났다'거나 '미일 관계가 악화됐다'며 필요 이상으로 호들갑을 떤다. 그 칼럼이 마치 미국을 대표하는 공식 의견인 것처럼 말이다.

사실 그 칼럼은 한 개인의 견해에 불과하다. 미국 신문에는 반드시 기사를 쓴 개인의 이름이 쓰여 있다. 더욱이 신문사의 성향에 따라 편집 방향도 다르다.

그런데 집단주의적 사고를 갖고 있으면 한 개인의 의견을 '그 개인이 속한 집단'의 주장으로 취급하는 경향을 보인다. 특히 내용에 어느 정도의 타당성이 있는지 전혀 고려하지 않고 '미국이 화가 났다'는 식으로 감정적으로 대응하고 만다는 얘기다.

일본에 대한 비판이 한 국가의 공식 견해라 하더라도 그 비판에 정당성이 있는지 곰곰이 따져봐야 알 수 있다. 미국이 어떤 말을 했다고 해서 걱정부터 하는 것은 대화에 익숙하지 않은 일본의 내면을 적나라하게 드러내는 일이다. 어디까지나 하나의 의견으로서 토론의 대상으로 다루면 되는데 말이다.

일본인은 비판을 받는 것 자체만으로 '자신이 나쁘다'고 판단해버리는 경향이 있다. 비판하는 것에도 비판 받는 것에도 익숙하지 않기 때문이다.

지난 2010년 4월 14일자 미국 《워싱턴 포스트》는 당시 하토야마 수상을 핵안전보장 정상회담의 최대 패배자라고 보도했다. 그러자 당시 히라노 관방장관과 사사키 미국 주재 일본 대사는 다음 날 기자회견을 열어 '일국의 수상에 대한 결례'라며 강한 불쾌감을 표시했다.

1988년 영국인 작가 살만 루시디의 『악마의 시』 사건도 이와 다르지 않다. 당시 이슬람 교도들은 『악마의 시』가 이슬람을 모함한 것으로 판단했다. 이듬해인 1989년 이란의 최고 지도자 호메이니는 루시디에게 사형을 선고했다. 1991년에는 이 책을 일본어로 번역한 이가라시 히토시(五十嵐一) 츠쿠바 대학 교수가 근무지인 대학 안에서 살해당하는 일이 벌어졌다. 또 1993년에는 터키어 번역자가 주최한 집회에 테러가 발생해 37명이 사망했다.

아무런 관련이 없어 보이는 이들 두 사건의 공통점은 바로 '권위'에 대한 태도다. 히라노 전 장관과 사사키 전 대사, 그리고 호메이니는 국가원수와 경전의 권위에 대해 '언급해도 되는 것과 안 되는 것이 있다'고 생각한 것이다. 히라노 전 장관은 이를 "예의 없는 행위"라고 생각했고, 호메이니는 이슬람 전체에 대한 모독으로 받아들였다.

물론 히라노 전 장관, 사사키 전 대사의 말과 루시디에 대한 호메이니의 사형 선고에는 큰 차이가 있다. 다만, 여기서 강조하고 싶은 점은 해당 발언을 억압하려는 태도가 같다는 것이다.

서구 언론들은 대통령이나 수상을 비꼬는 농담이나 비판을 시민의 당연한 권리로 받아들인다. 상대가 일국의 대통령이나 수상이라고 해도 엄중한 비판을 피할 수는 없다. 대신 비판의 내용이 맞는지 틀렸는지 반박하면 될 일이다. 말하는 방식이 틀렸다거나 결례라고 표현하는 것은 발언 내용에 대한 반론이 아니다. 특히 '무례하다'고 표현한 일본 쪽 발언은 권위주의의 상징으로 타국의 조롱거리에 불과했다.

대화를 거부하는 사회에 행복은 없다

평소 치열한 토론이 몸에 배어 있지 않으면 상대와 수준 높은 대화가 가능한 외교관을 배출할 수 없다. 평소에 토론과 논쟁을 장려해야 미래 일본의 외교력도 한층 커질 수 있다.

이는 외교에만 국한되는 얘기가 아니다. '대화하는 사회'여야 정치 수준도 높아진다. 언론을 탄압하는 이슬람 국가들과 중국, 북한 등 다양한 의견 표출을 막는 사회에서 건강한 민주주의란 있을 수 없는 것처럼 말이다.

비판을 인정하지 않고 대화를 거부하는 것은 생각 자체를 거부하는 것과 다르지 않다. 이런 사회는 일방적인 사상적 흐름에 지배를 받거나 경도될 위험이 크다.

전후 독일은 과거와 같은 잘못을 다시 범해선 안 된다며 소위 '생각하는 교육'에 막대한 힘을 쏟고 있다. 덕분에 다양한 분야에서 활발한 토론이 일어나고 있다. 매년 많은 독일 젊은이들은 프랑스 등 인접국에 적극적으로 유학함으로써 상호 이해를 쌓고 있다. 과거 전쟁을 보면 상대에 대한 사소한 오해와 편견으로 일어나는 일이 많았기 때문이다. 그런 잘못을 반복하지 않기 위해서는 젊은이들부터 적극적으로 대화를 하는 수밖에 없다는 것이다.

평소에 극단적 사고에 경도돼 있는 사람은 스스로 의문을 갖거나 질문하는 것을 막는다. 사고를 정지시켜버리니 무언가에 대해 뒤도 돌아보지 않고 맹신해버리는 것이다.

대화를 거부하고, 토론하지 않는 사회 속에서는 이기주의자가 판을 치게 된다. 이런 사회가 되지 않기 위해서는 옳은 것은 옳다고 자신의 의견을 확실히 얘기하고 상대를 설득하는 기술을 학교에서 배우는 게 중요하다. 반대 의견이나 비판에 대해서도 의연하게 받아들이면서 높은 수준의 합의를 만들어가는 태도를 익혀야 한다는 것이다.

 그렇지 않으면 일본은 앞으로 시야가 경직된 사람과 이기적이고 기생충 같은 인간들이 판치는 사회가 될 것이다. 이런 사회에서 개인의 행복은 있을 수 없다.

19장

'민폐'와 집단주의

남에게 폐를 끼치지 않는 것이 공공의 이익을 위하는 것인가

'무엇을 해도 좋은데, 다른 사람에게 폐를 끼치는 일만은 하지 말라'는 말은 일본인들이 아이들에게 가장 많이 하는 잔소리다. 길거리에는 '남에게 폐를 끼치는 행위는 그만!'이라는 표어가 많이 붙어 있다. '다른 사람에게 폐를 끼치면서까지 살고 싶진 않다'고 생각하는 사람도 많다. 폐를 끼치는 일인가 아닌가는 일본인이 무엇인가를 판단할 때 선악을 구분하는 기준이다.

그렇다면 일본인이 얘기하는 '민폐'란 대체 무엇일까. 가령 주택가 한가운데서 한밤중에 TV를 크게 틀어놓고 보는 것은 민폐다. 전철 안에서 큰 소리로 떠드는 것도 마찬가지다. 혼잡한 길에서 축구를 해도 다른 사람에게 폐를 끼치는 일임에 틀림없다.

보통 '민폐'라고 하면 직접 피해자가 존재한다. 한밤중에 오토바이를 타는 것은 주민들에게 소음으로 인한 고통과 불편함을 준다. 다시 말해 민폐는 공공의 이익에 반하는 행위다.

　전 세계 어디를 가도 공공의 이익에 반하는 행위는 나쁜 것이다. 공공의 이익에 반한다고 해서 모두 범죄인 것은 아니지만 모든 범죄는 기본적으로 공공의 이익에 반한다. 일본인의 '민폐 정신'에는 공공의 효율성을 위해서는 개인보다 전체가 우선돼야 한다'는 발상이 깔려 있다

　지구상에 존재하는 모든 생물은 '개체'보다 '종의 생존'을 우선시했기 때문에 살아남을 수 있었다. 영국의 진화생물학자 리처드 도킨스는 "인간은 유전자의 복제 욕구를 수행하는 이기적인 생존 기계에 불과하다"고 말했다. 그의 견해에는 찬반 양론이 있을 수 있지만, 모든 생물이 집단생활을 통해 종을 번식시켜 온 것만은 틀림없는 사실이다.

　아이를 위해 생명까지도 희생하는 부모에 공감하는 사람이 많을 것이다. 인류 전체가 살아남기 위해 한 생명을 죽여야 하는 선택의 상황에 직면한다면 당연히 그 한 사람을 죽여야 한다고 생각하는 사람도 많을 것이다.

　군인은 자신의 가족과 나라를 구한다는 명분으로 전쟁터에서 목숨을 바친다. 때문에 개인보다 '공공의 이익'을 우선시하는 것은 인류가 가진 본질적 성향일지 모른다.

　그렇다면 과연 공공의 이익이 인간이 추구할 최고의 선일까. 먼저 무엇을 공공의 이익이라고 규정해야 하는지도 매우 복잡한 문제다. 사실 일본에서 '민폐 행위'로 취급 받는 것을 곰곰이 따져보면 '공공'이 아니라 특정 집단의 이익에 반하는 행위일 때가 많다. 특정 집단의 이익이라고 해서 반드시 공공의 이익과 일치하는 것은 아니다.

유모차를 끌고 전철을 타는 것은 민폐인가

유모차를 끌고 혼잡한 전철을 타는 아이 엄마의 행동을 생각해보자. 사람들은 대부분 '다른 사람에게 폐를 끼치는 행위니까 유모차를 접고 아이를 안고 타야 한다'는 의견에 찬성할 것이다. 정말 전철 안 유모차는 민폐인가.

유모차에 아이를 태우고 전철을 타는 행위는 분명 전철 안 승객이라는 특정 집단의 이익에 반한다. 하지만 특정 집단의 이익이 반드시 공공의 이익과 부합하는 것일까 생각해볼 필요가 있다.

프랑스 파리의 지하철은 시민과 관광객의 중요한 교통수단이다. 하지만 일본처럼 지하철 입구에 엘리베이터나 에스컬레이터가 설치된 곳은 별로 없다. 길고 급한 경사의 계단을 걸어서 오르내릴 수밖에 없다. 유모차에 아이를 태운 여성이 계단을 오르려 하면 사람들은 일제히 유모차를 들어 올려준다. 파리 전철역에서는 이런 광경이 아주 자연스럽기 때문에 도움을 받은 여성도 별로 미안해하지 않는다. 나 역시 몇 번이나 도와준 경험이 있다.

파리의 지하철 역시 다른 나라 대도시 지하철처럼 아침 출근길과 퇴근 무렵은 매우 혼잡하다. 혼잡한 시간에도 유모차는 그대로 전철 안에 들어가고 주위 사람도 흔쾌히 공간을 양보한다. 적어도 프랑스인은 유모차를 민폐라고 생각하지 않는다.

프랑스와 일본은 관습이 다르기 때문에 민폐에 대한 생각과 느낌도 다를 수 있다. 하지만 적어도 프랑스가 일본보다 아이와 여성, 보육에 더 많은 관심을 가진 나라라는 것은 틀림없는 사실이다.

일본의 출산율은 2010년 기준 1.37명으로 저출산 문제가 심각한 수준이다. 인구는 이미 감소하기 시작했다. 반면 프랑스는 1994년 출산율이 1.64명까지 떨어졌다가 2006년에는 2.0명까지 상승했다. 이는 육아휴직제 확대 등 프랑스 정부가 강력하게 추진한 보육정책들의 효과가 나타났기 때문으로 풀이된다. 보육에 대한 정부의 지원의지가 없으면 이런 정책이 나오지 못했을 것이다.

보육 친화적인 프랑스의 전철은 그 단면을 보여준다. 프랑스는 전철 안 특정 집단의 작은 이익이 아니라 국가의 장기적 번영이라는 공공의 이익을 우선시한 것이다.

반면 전철 안 유모차를 민폐라고 생각하는 일본인은 국가의 장기적인 번영을 생각하고 있는 걸까. 보육 친화적인 사회 분위기가 공공의 이익에 부합한다는 데는 일본인들 역시 이의를 달지 않을 것이다. 그런데 왜 유모차를 민폐라고 여긴단 말인가.

전철 안 유모차는 일본인이 무엇보다 중요하게 생각하는 '집단의 질서'로 봤을 때 한 개인에게 예외를 인정하는 꼴이다. 다시 말해 일본은 집단이 만들어낸 시스템에서 벗어나는 행위를 용납하지 않는 사회라는 얘기다.

일본 사회에서 민폐를 판단하는 기준은 '주위 사람과 다른 행동을 하느냐' 여부다. 타인과 다른 행동을 하면 민폐, 그렇지 않으면 민폐가 아니라는 얘기다. 다른 사람에게 폐를 끼치지 않기 위해서는 주위 사람과 100퍼센트 같은 행동을 하면 된다. 결국 다른 사람에게 폐를 끼치지 말라고 입버릇처럼 얘기하는 것은 집단행동에서 벗어나지 말라는 압력에 다름 아니다.

공공의 이익이냐 특정 집단의 이익이냐

'당신 혼자 그런 짓을 하다니 민폐라고 생각하지 않나?'

'네 마음대로 행동한 건 다른 사람에게 폐를 끼치는 짓이다.'

이는 일본에서 살다 보면 자주 듣는 말이다.

'민폐'라고 비판 받는 이유는 집단의 결속을 해쳤기 때문이다. 한 집단에서 혼자 다른 행동을 하면 집단의 규율이 깨져 통솔력이 약해지는 걸 염려한 것이다.

군대에서 개인 행동은 결코 용납되지 않는다. 통솔력이 떨어지면 사기가 저하돼 군 전체의 생존이 위협받기 때문이다. 때문에 통솔력은 군대 지휘관이 갖추어야 할 가장 중요한 능력이다. 그러나 우리가 사는 사회는 군대가 아니다.

집단행동을 하지 않는다고 해서 민폐로 낙인을 찍는 것은 군대식 발상이다. 집단의 규율은 결국 개인의 행복을 위해 존재하는 것이다. 규율을 지키는 것 자체가 목적이 되어선 안 된다는 얘기다.

일본에서는 '다른 사람에게 폐를 끼치기 싫다'며 자살하는 사람이 많다. 자신의 존재가 민폐라고 생각하거나 다른 사람에게 도움을 청하는 것이 폐를 끼치는 행위라고 여기기 때문이다.

'나의 행동이 타인에게 폐가 될지 모른다'는 생각으로 주위만 신경 쓰면서 살아가는 것은 자기 자신의 행복보다 다른 사람의 질서를 먼저 생각하는 우매한 짓이다. 이런 생각을 가지고 있는 한 행복해질 수 있는 길은 없다.

반대로 사회 구성원 모두가 자신의 행복을 우선시한다면 타인과 충돌이 발생해도 서로의 이익이 최대가 되는 방법을 찾아간다. 물론 큰 충돌도 있을 것이다. 그러나 모든 사람이 자신의 행복을 추구한다는 목적만은 같기 때문에 어느 지점에서는 공유 가능한 타협점을 반드시 찾게 된다. 개인의 행복을 우선시하는 사회가 집단을 먼저 내세우는 사회보다 행복지수가 더 높은 것은 바로 이 때문이다.

'다른 사람에게 폐를 끼치며 살라'는 뜻이 아니다. '민폐가 안 되도록'이라는 압박이 개인의 다양성을 해쳐 결국 개인을 파괴한다는 사실을 강조하고 싶은 것이다. 무엇이든 민폐라고 단정해버리지 말고 그것이 정말 공공의 이익에 반하는 것인지 그렇지 않으면 특정 집단의 이익에 반하는 것인지 한번 따져봐야 한다는 얘기다.

만약 '나의 행동'이 민폐라고 느꼈을 때는 그것이 단순히 집단적 행위를 따르지 않은 것일 뿐인지, 집단 전체가 같은 행동을 할 필요가 있는지, 집단행동을 따르지 않았을 때 어떤 일이 벌어지는지 자문해봐야 한다. 그래야 집단주의적 사고에서 벗어날 수 있다.

5부

행복한 사회를 위해

행복한 삶의 방식

행복한 직업

　인도에서 명상여행을 할 때였다. 서남부 작은 도시 '푸네'에서 '차이바바'라는 이름의 노인을 만났다. '차이'는 홍차, '바바'는 남성이라는 뜻이다. 차이바바의 가게는 오가는 사람과 자동차, 오토바이로 번잡한 길거리에 있었다.
　건장한 체격에 웨이브가 있는 백발을 어깨까지 늘어뜨린 차이바바는 좁은 탑 위에 책상다리를 하고 앉아 아무 말 없이 홍차를 만들었다. 그는 신중한 눈과 온화한 미소로 달관한 고승을 연상시켰다. 그 가게의 메뉴는 홍차뿐이었다.
　'푸네'에는 유명한 명상 센터가 있어서 세계 각국의 수행자들이 차이바바 가게에 모인다. 마치 순례자처럼 손님들은 좁은 가게 안에 걸터앉아 장인이 만들어낸 홍차를 맛본다. 차이바바는 말을 하지 않지만, 그가 내어주는 홍차 한 잔은 언어의 장벽을 초월한 평온함과 함께 무념무상의 세계로 손님들을 인도한다.

그러다 보니 차이바바의 가게는 기분이 좋지 않을 때, 위로 받고 싶을 때 설탕이 가득 들어간 뜨거운 '차이' 한 잔으로 심신의 피곤함을 달래려는 사람들로 넘쳐났다. 그곳 사람들은 차이바바를 '마하라자(위대한 왕)'라고 불렀다. 차이바바의 광적인 팬이 되어 그에게 청혼한 독일인 여성도 있었다. 한결같이 차이를 만들어온 그는 30년 동안 하루도 쉬지 않았다고 한다.

어느 날 프랑스인 관광객이 차이바바에게 물었다.

"왜 쉬지 않습니까?"

차이바바는 웃음 띤 얼굴로 '마사라 스파이스'를 포트에 끼얹으며 대답했다.

"일을 사랑하니까 쉴 이유가 없어요."

심리학자 A. H. 마즈로 박사는 인간의 욕구를 피라미드에 비유하며 그 정점에는 '자기실현의 욕구'가 있다고 일갈했다. 자기실현을 달성하는 데는 두 가지 중요한 요소가 있다. 자신의 능력을 최대한 발휘하는 것과 그 능력이 타인에게 인정을 받는 것이다. 아무리 능력을 발휘해도 누구도 인정해주지 않으면 소용 없다.

천직이라는 말이 있다. 하늘이 내려준 직업이라는 뜻이다. 천직은 자신의 능력을 최대한 발휘할 수 있는 직업이다. 정도의 차이는 있겠지만 사회로부터 인정을 받는다.

천직을 발견하면 성취감과 충족감을 얻는다. 그러나 문제는 어떻게 천직을 찾느냐는 것이다.

천직을 얻기 위해서는 먼저 자신이 어떤 인간인지 알아야 한다. '내가 정말 좋아하는 것'을 명확히 인식하는 것이다. 물론 좋아한다고 해서 바로 천직과 연결될 수는 없다. 그다음 필요한 것은 '무엇을 잘하는지' 파악하는 일이다.

　노래가 아무리 좋다고 해도 음치라면 가수가 될 수 없다. 잘한다는 것은 타인에 비해 능력이 뛰어나다는 것을 의미한다. 그렇다고 세상에서 가장 잘할 필요는 없다. 직업으로 삼을 정도의 능력이면 된다.

　처음부터 발군의 실력을 드러낼 필요도 없다. 오랜 기간 연습과 경험을 통해 실력을 쌓으면 된다. 그러나 노래 레슨을 아무리 받아도 평균 이하의 가창력이라면 다른 직업을 찾는 게 좋다. 그럼에도 불구하고 노래가 좋다면 취미로 계속하면 된다.

　스포츠나 예술같이 특수한 기능을 가져야만 되는 직업은 매우 한정돼 있다. 스포츠와 예술은 재능이 있는지 없는지 판단하기가 비교적 쉽지만, 우수한 기업가가 될지 그렇지 못할지는 실제 기업을 세우고 운영해봐야 알 수 있다.

　중요한 건 젊을 때 자신이 좋아하는 것을 해보려는 노력과 경험이다. 다양한 경험을 쌓으면 '내가 무엇을 잘하는지' 객관적인 판단이 가능해진다. 무슨 일이든 실제로 해보면 다른 사람과 비교해볼 기회가 생긴다. 그렇게 해서 자신의 실력을 객관적으로 판단할 수 있게 된다.

　사람들과 얘기하는 것이 좋다면 연령, 성별, 인종이 다른 사람과 적극적으로 대화하려는 노력을 기울이면 된다. 그러면서 외국어 공부를 시작해야겠다는 마음을 먹게 될 것이다.

　사람들과 대화하기 위해서는 다양한 화제에 흥미를 가져야 한다. 커뮤니케이션 능력을 향상시키면 어느 순간 수개 국 언어를 할 수 있게 될 것이다. 또 어떤 화제에 대해서도 깊이 있는 지식과 통찰력을 갖게 될 것이다. 이 세상에 대화의 능력이 필요치 않은 직업은 없다.

　개성이 있다는 것은 그 사람의 전문성이 깊어졌다는 것을 의미한다. 개성 있는 인간이 많은 사회는 직업도 다양하다. 많은 사람이 다양한 직업에서 다른 일을 선택하기 때문에 고용의 형태도 다양해진다. 다양한 직업과 고용 형태는 또 새로운 직종과 고용을 창출한다.

자신이 좋아하는 것을 추구하면서 발견한 직업은 자랑스럽고 직업에 대한 만족도 역시 높을 수밖에 없다. 만약 아이들이 "아빠 왜 일을 해?"라고 물으면 어떻게 대답할 것인가. "너와 가족을 위해 일한다"는 말로는 아이에게 꿈과 희망을 전할 수 없다. "일에서 행복을 느끼니까. 그래서 너도 자신을 행복하게 하는 일을 찾아야 한다"고 말할 수 있는 인생을 살아야 한다.

자기 발견이라는 거짓말

내가 회사를 그만두고 세계여행을 시작했을 때 주위 사람들은 '자기 발견'을 위한 여행이냐고 물었다. 나 역시 그 당시에는 '자기 발견'을 위한 여행을 하고 있다고 생각했다. 그러나 시간이 흐르면서 '자기 발견'이라는 발상 자체가 틀렸음을 깨달았다.

일본의 인기 그룹 스마프(SMAP)의 히트곡 중 〈세상에 하나뿐인 꽃(世界に一つだけの花)〉이라는 노래가 있다. '1등을 목표로 하지 않고 세상에 하나뿐인 나만의 꽃을 피우면 된다, 한 사람 한 사람이 가장 특별한 온리 원(only one)'이라는 게 그 노래의 가사 내용이다.

극심한 경쟁 속에서 자신을 쉽게 잃어버리는 현대인들이 쉽게 공감할 만한 노래다. 이 노래 가사에는 '자기 발견'이라는 발상이 녹아 있다.

'자기 발견'이란 어딘가에 '진짜 자기 자신'이 있어서 그것을 찾는 걸 말한다. 그러나 처음부터 '순수한 나 자신'이라는 건 존재하지 않는다.

인간은 누구나 고유의 유전자 정보인 DNA를 갖고 있다. 그러나 DNA는 어디까지나 인간의 성향을 구성하는 기본 구조이지 모든 미래가 결정되는 시나리오가 아니다. 완전히 똑같은 유전자를 가진 쌍둥이도 같은 인생을 살지는 않는다. 물론 성격도 다르다. 앞에서 언급했듯이, 인생이 유전에 의해 영향 받는 비율은 50% 정도다.

DNA는 변하지 않지만 환경에는 무한대의 다양성이 있다. 환경도 인격의 중요한 일부다. 같은 일본인 부모에게서 태어난 아이라도 일본에서 자란 아이와 브라질에서 자란 아이는 전혀 다른 인격으로 성장한다.

프랑스 사회학자 부르디외는 동일 문화권 사람이라도 사회적 계층에 따라 음료와 음악, 사물을 보는 시선, 생각의 방식까지 다른 성향을 보인다는 걸 통계로 증명했다. 예를 들어 노동자 계급은 맥주와 스포츠 관전을 좋아하고 지식 계층은 와인을 마시면서 미술 작품을 관람하는 걸 좋아하는 성향을 보인다는 것이다.

왜냐하면 문화자본, 즉 문화의 형성을 좌우하는 능력과 자질이 다르기 때문이라고 부르디외는 설명한다. 가령 부모가 고졸 학력이면 아이도 고졸이 될 확률이 높은 것은 금전적 측면뿐 아니라 '문화자본'의 차이에서 비롯된다는 것이다. 책으로 둘러싸인 가정환경에서 자란 아이는 자연스럽게 책을 좋아하게 되는 이치와 같다.

이에 반해 아이는 생각만큼 부모의 영향을 받지 않는다는 조사 결과도 있다. 미국은 지금도 매년 100만 명가량의 이민자를 받아들이고 있다. 이민 1세대의 모국어는 거의 영어가 아니다. 1세대가 쓰는 영어는 악센트가 다르다. 특히 성인이 돼서 이민한 경우 몇 십 년 동안 미국에 살아도 악센트를 바꾸기 어렵다. 하지만 이민 2세의 대다수는 네이티브 영어를 구사한다. 언어는 부모로부터가 아니라 주위 환경으로부터 절대적인 영향을 받는다. 이민 3세가 되면 거의 모두 영어를 '네이티브'처럼 사용하며 모국어는 쓸 줄 모른다. 또 자신의 정체성도 조부모와는 달리 '미국인'이라는 의식이 매우 강하다.

다이아몬드의 원석은 어떻게 연마하느냐에 따라 가치가 크게 달라진다. 원석에는 색, 투명도, 크기 등 처음부터 절대 바뀌지 않는 특징이 있다. 하지만 그 특징은 어떻게 가공할지를 알려주는 '설계도'가 아니다. 원래 가지고 있는 특색을 살리면서 가공 처리 과정을 반드시 거쳐야 개성 있는 다이아몬드로 재탄생한다.

'이미 정해져 있는 나 자신'이란 건 없다. 중요한 것은 자신이 무엇을 좋아하고 싫어하는지 명확히 구분하고, 무엇이 되고 무엇이 안 되는지를 객관적으로 발견하면서 잠재능력을 키우는 일이다. 그런 과정을 거쳐 만들어지는 것이 '나 자신'이다. 인생은 '온리 원'을 찾는 게 아니라 '온리 원'을 향해 자신을 연마하는 것'이다.

사회적 딜레마

경제학의 아버지 애덤 스미스는 『도덕감정론』과 『국부론』에서 개인의 이기심에서 비롯된 이익 추구 행위가 결과적으로 사회 전체의 이익으로 연결된다고 일갈했다. 개인의 사적 이기심과 사회의 이익을 연결하는 것은 이른바 '보이지 않는 손'이다. 민간이 정부의 기능보다 중요하다는 것도 애덤 스미스의 기본 사상이다.

그렇다고 무엇이든 시장의 기능에 맡기는 게 최선은 아니다. 지난 2008년 세계경제를 뒤흔들었던 '리먼 사태'는 사악한 이기심에서 출발한 개인의 이익 추구 행위가 브레이크 없는 폭주 기관차가 되어 전 세계 금융시스템 전체를 위기로 몰아넣은 대표적 사건이다.

물론 애덤 스미스의 생각을 모두 부정하는 것은 아니다. 1980년대 후반 소련이 붕괴되기 전까지 세계의 절반은 사회주의 체제였다. 시장 기능을 무시한 사회 시스템이 어떻게 붕괴되었는지 역사가 증명한다. 여기서 한 가지 의문이 생긴다. 개인의 자유로운 행위는 모두 이기심에서 비롯된 것일까 하는 것이다.

세상에는 이기적인 인간과 이타적인 인간이 섞여 있다. 이기적인 인간이라고 해서 항상 이기적인 행위를 하는 것은 아니다. 또 평소 이타적이라고 여겨지는 인간도 때로는 이기적인 행위를 하는 경우도 있다.

인간의 행위는 개인의 성격보다 환경과 상황에 크게 좌우된다는 조사 결과도 있다. 심리학에서는 인간이 어떤 상황에서, 어떤 행위를 하는지 연구하는 실험을 많이 실시했다. 이른바 환경에 따른 행동 성향 조사이다. 대표적인 것이 우리가 잘 아는 '죄수의 딜레마'다.

중범죄를 저질러 체포된 죄수 2명을 별도의 방에서 조사한다. 죄수들 간에는 의사소통을 할 수 없다. 수사관이 각각의 용의자에게 "옆 방에 있는 동료의 죄를 자백하면 당신의 형량을 경감시켜주겠다"고 제안한다. 또 "만약 동료는 자백했는데 당신이 자백하지 않으면 사형에 처해질 것"이라는 조건도 붙인다.

냉정히 생각하면 죄인들에게 가장 유리한 행동은 서로의 죄를 자백하지 않거나 묵비권을 행사하는 것이다. 그러나 실험에서 죄인들은 모두 자백하는 길을 택하고 만다. 동료가 자백하지 않는다는 확신이 있으면 묵비권으로 버티겠지만 의사전달이 안 되는 상황에서 조금이라도 죄가 경감되는 자백을 선택한 것이다. 객관적으로 유리한 선택을 하는 게 아니라 '불리한 상황'을 선택해버린다는 얘기다.

'죄수의 딜레마'는 각자 최선이라고 생각하는 선택을 했음에도 전체적으로는 최선의 선택이 되지 않는 예로서 인용된다.

이 같은 상황은 실제 사회에서도 많이 볼 수 있다. 라이벌 업체 간에 서로 손해를 볼 줄 알면서도 무한정 가격인하 경쟁을 벌이는 일 같은 것이다. 국가 간의 군비확장 경쟁도 마찬가지다.

'죄수의 딜레마'는 죄인 두 사람에 대한 실험이지만, 세 사람 이상을 상정한 실험도 있다. 이를 '사회적 딜레마'라고 부른다. 기본은 죄수의 딜레마와 비슷하지만, 서로 의사소통이 가능한 경우 협력관계에 어떤 변화가 생기는지 알아보는 실험이다.

사회심리학자 야마기시 토시오(山岸俊男) 교수는 저서 『사회적 딜레마』에서 개인이 자발적으로 협력하는 데는 다음과 같은 전제조건이 붙는다고 지적했다.

- 다른 멤버와의 직접 접촉이나 의사전달이 가능한 경우
- 다른 멤버가 협력을 잘한다는 확신이 섰을 경우
- 집단이 작은 경우
- 자신의 행위가 전체 결과에 영향을 줄 것이라고 생각하는 경우
- 다른 집단 간 경쟁이 심한 경우
- 자신이 속한 집단과 일체감이 강할 경우

이 같은 상황은 중앙정부과 지방정부 간에도 적용될 수 있다. 여기서 가장 중요한 요소는 의사소통을 잘하는 것이다.

만약 일본이 '도주제' 시행 등 지방분권을 가속화한다면 국민들은 인구 1억 3천만 명의 거대 집단이 아닌 수천, 수만, 수십만 정도의 작은 집단에 속한다는 '소집단 의식'이 강해질 것이다. 작은 집단 속에서 어떤 행위의 파급력은 거대 집단보다 훨씬 크기 때문에 결과적으로 협력을 우선시하는 사람도 늘어나게 된다.

적극적으로 대화하면 심리적 거리도 가까워진다. 또 자신이 속한 지역과 집단의 일을 이야기하는 습관이 몸에 익으면 시민의식 또한 자연스럽게 높아진다.

여기서 중요한 것은 '자발적 협력'이다. 집단으로부터 가해지는 압력이 아니라 어디까지나 각자 자신의 이익을 위해 협력하는 것이다.

'월드 데이터 베이스 오브 해피니스(World database of happiness)'의 루트 비엔호벤 대학 교수는 "행복한 사람은 타인을 배려하는 경향이 강하고 사교적이어서 친밀한 인간관계를 유지할 수 있다"고 말했다. 또 "행복한 사람은 불행한 사람보다 일을 더 잘한다"고 지적했다.

인간의 이기적 부분과 이타적 부분을 활용하는 것은 얼마든지 가능하다. 자발적으로 협력하는 개인을 키우는 사회를 만드는 것이야말로 행복한 사회로 가는 지름길이다.

사회개인주의 선언

행복은 '상태'가 아니라 '행위'

아리스토텔레스는 좋은 삶을 '에우다이모니아'라고 했다. 흔히 행복이라고 번역되는 이 말은 행복의 '상태'가 아니라 '행위'를 일컫는다. 다시 말해 한 개인이 자신의 가능성을 실현했을 때 얻는 행복감을 뜻하는 것이다. 다음은 아리스토텔레스의 말이다.

"행복은 행위의 결과다. 행복은 우연으로 주어지거나 신의 선물이 아니라 가능성을 최대한 활용한 인간에게 주어진다. 뛰어난 장군은 휘하 부대를 최고로 통솔하고, 기술이 좋은 구두 수선공은 보통 가죽으로 최고의 신발을 만들어낸다. 또 현명한 인간은 자신의 소질과 주어진 조건하에서 최고의 것을 만들어낸다. 적극적인 인생에 기쁨과 만족의 비밀이 있다." (슈테판 클라인, 『행복의 공식』에서)

개인이 자신의 능력을 최대한 발휘하고 성장시킬 수 있는 환경을 만들기 위해서는 서로의 자유와 권리를 존중하고 다양한 가치관을 인정하는 것이 무엇보다 중요하다. 인간의 존재감과 삶의 목표는 외부 환경에 크게 좌우된다. 사물과 사람, 즉 외부 환경과의 관계 속에서 형성된다는 뜻이다. 존재감은 다른 사람이 나를 알아줄 때 더욱 커진다. 예를 들면 다음과 같은 상황이다.

- 불치병에 걸린 환자를 살린 의사
- 관객을 폭소케 한 코미디언
- '당신 책이 내 인생을 바꾸었다'고 말하는 독자의 편지를 받은 작가
- 집단 폭행을 당한 사람을 구해낸 무술인
- '이렇게 맛있는 음식은 처음'이라며 찬사를 받은 요리사
- '덕분에 제 인생을 찾았습니다'라고 고백한 학생을 둔 선생님
- 크게 만족한 고객을 앞에 둔 미용사
- '반드시 또 오겠습니다'라며 약속하는 고객을 로비에서 배웅하는 호텔 지배인

또 금메달을 딴 스포츠 선수와 노벨상을 수상한 과학자가 느끼는 존재감은 매우 크다. 한 사람의 생명을 구했을 때 느끼는 존재감 역시 이루 말할 수 없이 클 수밖에 없다. 굳이 분류해보면 다음과 같은 상황이다.

- 단 한 사람 또는 소수에게 마음으로부터 감사의 인사를 받음
- 불특정 다수에게서 감사하는 마음을 받음
- 전 세계에서 칭찬이 쇄도함

이 중 어느 것이 더 바람직한지 따지는 건 무의미하다. 어디까지나 개인의 능력과 기호에 따라 달라지기 때문이다. 단 개인의 다양성을 인정하고, 자신의 능력을 최대한 발휘할 수 있는 활동을 하면 사회로부터 인정 받고 행복도 느낄 수 있는 건 누구도 부인할 수 없는 진실이다.

자발적 사회 참여, 사회개인주의

개인의 행복과 사회와의 일체감은 밀접한 관계가 있다. 한 사회에서 자기실현과 함께 최고의 만족을 얻는 순간은 자기가 가진 능력이 최대한 발휘된 어떤 행동이 그 사회에 크게 공헌했을 때다. 이른바 '사회개인주의'가 실현되는 순간이다.

사회개인주의란 "자기 행복을 추구하는 수단으로서의 사회 공헌을 권장하는 것"이다. 여기서 중요한 것은 사회 공헌 자체가 목적이 돼선 안 된다는 점이다. 어디까지나 한 개인의 '삶의 목적'은 행복을 추구하는 것 그 이상도 이하도 아니다.

테레사 수녀는 "인간은 자기를 좋아하는 사람도, 필요로 하는 사람도 없을 때 가장 큰 불행을 느낀다"고 말했다. 바꿔 말하면 행복한 인생은 반드시 자신이 속한 사회와의 관계 속에서 만들어진다는 것이다. 따라서 자신의 능력이 최대한 발휘되는 자발적 사회 참여가 사회개인주의의 기본 개념이다.

또 주위의 압력 때문이 아니라, 자신의 의지대로 잠재능력을 최대한 발휘하면서 자기 실현의 일부로서 사회에 공헌하는 개인을 배출하는 것, 이것이 사회개인주의의 정신이다. 그래서 결과적으로 개인의 행복지수가 자연스럽게 높아지는 게 최종 목표다. 이는 공리주의와는 다르다. 전체의 이익을 위해 개인을 수단화해선 안 되기 때문이다.

사회개인주의의 기본 정신은 개인주의다.

'개인의 행복 추구'와 '사회와의 유대'는 모순되지 않는다. 인격의 존엄함을 소중하게 생각하고, 개인의 자유와 권리를 존중하는 동시에 타인의 자유와 권리도 존중한다. 행복을 추구하는 개인이 마지막으로 도달하는 곳은 '나만이 가능한 일'로서 자연스럽게 연결되는 '사회와의 유대'다. 아래 내용은 사회개인주의를 실현하기 위한 전제조건이다.

- 개인이 행복한 사회를 만드는 것이 국가의 지상명령이며 존재의의다.
- 사회는 타인에게 감동을 전함으로써 기쁨을 얻을 수 있는 다양한 환경을 제공한다. 사회와의 일체감을 통해 기쁨을 느끼는 것이 중요하다.
- 집단성을 강조해서는 안 된다. 개인의 행복은 자발적인 행동에서 얻어진다. 타인과의 교감으로부터 행복을 체험토록 하는 교육이 중요하다. 사회 공헌 자체가 목적이 아니라 자신의 행복을 위해 자발적으로 사회에 공헌하는 개인을 배출한다.
- '시민의식' '균형 있는 사회' '스스로 결정하는 인생'이 행복한 사회의 3원칙이다. 개인이 적극적으로 사회 참여를 실행하면 시민의식은 자연스럽게 높아진다. 또 '정치적 약자'에게 관대한 사회가 '균형 잡힌 사회'다.
- 스스로 인생을 결단하고, 잠재된 능력을 발휘할 수 있도록 개인의 자유를 최대한 존중한다. 이를 위해서는 다양한 가치를 인정하는 사회, 관대한 사회가 돼야 한다. 또한 '정치적 약자에게 공평한 기회'를 제공하는 것은 최소 조건이다.
- 개인의 자유는 타인의 자유를 침해하지 않는 한 최대한 보장한다.

타인의 자유를 빼앗아 행복을 얻으려는 자는 법에 따라 처벌하면 된다. 개인의 자유는 어떠한 희생을 치르더라도 지켜야 할 가치다.
- '이기주의'와 '개인주의'는 다르다. 자신의 자유를 지킴과 동시에 타인의 자유와 권리도 존중하는 '개인주의'를 확립한다.
- '개성의 다양화'가 목적이 아니다. 다양성은 어디까지나 개성의 부산물이다.
- 사회성 있는 행동에는 무한한 다양성을 인정해준다.
- 많은 사람이 자신이 가진 잠재능력을 최대한 발휘해 사회에 공헌해야 행복해질 수 있으며 국민 행복지수도 높아진다.

행복한 사회를 위해

행복한 개인이 먼저다

지금까지 다양한 각도에서 어떻게 하면 한 국가의 행복지수가 높아질지 생각해봤다. 이제부터는 행복한 사회를 위한 제안으로서 사회개인주의를 실현할 구체적인 방법을 소개하고자 한다.

'행복 추구'는 결국 자신만이 가능한 '개인 행위'다. 물론 가족 등 사랑하는 사람들의 행복과 '사회의 안정' 같은 외부 환경도 개인의 행복을 높이는 요소다. 하지만 외부 환경은 행복의 조건이지 목적이 아니다. 행복을 추구할 자유가 없다면 '개인의 행복'은 달성 불가능하다.

'개인의 행복'보다 '집단의 안정'을 우선시하는 사회에서는 개인이 행복할 수가 없다. 집단을 먼저 내세우면 개인의 행복은 반드시 한계에 도달한다.

인류 역사를 보면 대부분 집단을 우선시하는 사회였고, 지금도 대부분이 집단주의 사회다. 개인의 행복이 존재의 목적이 아닌 사회가 왜 필요한가. 집단의 안정이라는 명분 하에 개인은 언제까지 집단에 이용당해야 하는가.

개인의 자유와 행복은 정비례 관계다. 이는 실증된 사실이다. 물론 전제조건은 개인의 다양성을 인정하고 성 소수자와 같은 '사회적 약자'에 관대하며 집단보다 개인을 우선시하는 사회 분위기다.

중요한 것은 어떻게 하면 집단보다 개인을 먼저 생각하는 사회를 만들 수 있느냐는 점이다. 두 가지 방법이 있다.

먼저 법과 제도의 개혁이다. 이는 정치적인 과제다. 다른 하나는 개개인이 일상생활을 개선해나가는 의식의 개조다. 강조해두고 싶은 것은 법이나 제도를 개혁하는 일보다 개인 의식의 변화가 훨씬 중요하다는 점이다. 일본 사회에서 보듯, 개인의 행복을 짓누르는 것은 법과 제도가 아니라 사회의 잘못된 관습이기 때문이다.

제도적 측면으로만 보면 일본은 유럽이나 미국 사회 못지않게 개인의 자유가 보장돼 있는 나라다. 그럼에도 불구하고 일본인들은 선택의 자유가 별로 없고, 인생을 즐기는 것에 부정적이며 개성과 창의성이 중요하지 않다고 생각하고 있다. 눈에 보이는 차별은 없지만 보이지 않는 차별에 무관심하거나 '좋은 게 좋다'는 식으로 눈을 감아버리는 게 일본의 현실이다.

지금 일본인에게 필요한 것은 '나는 행복한 인생을 살 가치가 있다'는 걸 스스로 실감하는 일이다. 타인에 의해 강요된 요구가 아니라 '자신의 요구'에 귀를 기울이는 것이다.

먼저 자신과의 대화를 통해 내가 무엇을 좋아하고 싫어하는지를 알아야 한다. 특히 집단성에서 벗어난 행동을 존중해야 한다. 타인과 다르다는 것은 칭찬받아야 할 일이다. 집단이 요구하는 '상식'도 좋지만 인생에서 가장 중요한 것은 내면의 소리다.

자신에게 충실한 삶을 살지 못하면 '나의 인생'이라 할 수 없다. 자신의 인생을 살지 못하는데 어떻게 행복을 느낄 수 있겠는가.

일본 사회에서 이런 얘기를 하면 이기주의자라고 비판을 받을지도 모르겠다. 하지만 이는 자기 자신에 대한 신뢰의 문제다. 스스로 행복하지 못하면서 다른 사람을 행복하게 만들 수는 없다.

개혁해야 할 제도

법과 제도의 개혁으로 개인의 의식을 변화시키고 사회개혁에 성과를 내고 있는 국가가 있다. 물론 제도의 개혁에는 사회적 합의가 필요하다.

남아프리카공화국에는 1991년까지 인종격리 정책(아파르트헤이트)이 공식적으로 존재했다. 아파르트헤이트 철폐 이후에는 흑인 활동가 넬슨 만델라가 대통령이 되는 일대 변화를 일으켰다.

현재 남아프리카공화국 국회의원의 45%는 여성이며 2009년 남녀평등지수 순위를 보면 134개국 중 6위다. 참고로 일본은 101위에 머물러 있다.

하지만 유감스럽게도 남아프리카공화국은 여전히 남녀차별이 극심하고 정치적으로도 불안정한 상태다. 최근 조사를 보면 남아프리카공화국의 18~49세 남성 중 28퍼센트가 한 번 이상 강간을 한 적이 있다고 인정했다. 또 여성의 40퍼센트는 성폭행이 인생의 첫 섹스라고 답했다. 다른 조사를 보면 흑인 여성 대부분은 '섹스는 남편이 원할 때만 한다'고 믿고 있다. 법을 바꿔도 의식이 바뀌지 않으면 별 의미가 없음을 보여주는 사례다.

그럼에도 불구하고 잘못된 법과 제도는 고쳐야 한다. 개인이 행복해지기 위해 일본 사회는 최소한 5가지 제도를 바꿔야 한다.

● **지방분권을 향한 방향성**: 최근 일본의 아베 신조(安倍 晋三) 정권이 지방분권을 목표로 한 행정구역 개편 논의에 착수했다. 현재 47개 도도부현(都道府縣)으로 나뉜 전국 광역자치단체를 10개 정도의 도(道)와 주(州)로 나누고 세금 관련 사항을 포함한 중앙정부의 권한과 사무를 대폭 이양하는 것이 아베 정권의 구상이라고 한다.

하지만 일본 정계에서는 아베 정권의 진정성을 의심하고 있다. 오사카 등 지역을 주요 기반으로 둔 야당을 우군으로 묶어두려는 책략이라는 것이다. 실제로 자민·공명 연립정권은 재원과 권한을 중앙에 집중시키는 등 지방분권을 실현하려는 의지를 보이지 않고 있다.

지방분권 실현은 국가의 행복지수를 높이는 데 필수불가결한 방향이다. 2010년 아이치 현(愛知縣) 나고야(名古屋)에서는 8개 지역을 모델로 지정해 지역위원회를 창설했다. 지역위원회의 이념은 '지역의 문제는 지역이 결정한다' '주민이 시정운영에 참여한다'는 것이다. 시민투표로 선출된 자원봉사위원은 지역의 예산을 편성한다.

지자체의 권한을 키워나가야 시민의식도 높아진다. 작은 나라이면서도 지방분권으로 시민의 참여의식을 높이고 있는 스위스가 그 본보기다.

● **소수자에 관대한 사회의 실현**: 소수자의 권리를 보장하는 사회로 바뀌어야 한다.

다른 의견을 가진 사람, 남과는 다른 기호를 가진 사람, 라이프스타일이 다른 사람, 남과는 다른 행동을 하고 싶어 하는 사람, 이런 사람들의 생각을 인정하고 존중해야 한다.

일본 사회를 보면 아직도 혼인 외 출생자, 동성애자, 신체장애자 등 사회적 약자, 재일 외국인은 물론이고 남과는 다른 특별한 재능을 가진 사람도 은연중에 차별을 받는 일이 허다하다.

혼인 외 출생자에 대한 법적인 차별은 철폐돼야 한다. 또 선택적 부부별성을 인정해야 한다. 동성애자 간 결혼을 인정하는 것은 '관대한 사회'의 상징이다.

이밖에도 머리카락의 길이, 색깔 등을 규제하는 학교 생활지도를 최소화해야 한다. 공립학교는 원칙적으로 교복을 없애야 한다. 생활지도라는 명분으로 행동을 규제하는 사이 학생들은 집단화되어간다. 규율로 개성을 억누르는 사회는 군대만으로 충분하다.

학업이 뛰어난 학생이 학년을 뛰어넘는 것도 인정해야 한다. 연령에 관계없이 자신의 수준에 맞는 학습을 할 권리를 줘야 한다. 교육은 결과의 평등이 아니라 개인의 잠재능력을 극대화하는 게 목표여야 한다.

특별한 상황 이외에는 존댓말 사용을 금지할 것을 제안한다. 윗사람이 아랫사람에게 "존댓말을 쓰지 않아도 좋다"고 권하는 것은 그리 어려운 일이 아니다.

● **여성 국회의원 수를 늘린다**: 남녀가 평등한 사회는 출산율도 높고 행복지수 역시 높다.

남녀 국회의원의 비율은 현재 11%에서 적어도 40% 정도를 목표로 늘려야 한다. 기업 내 여성 임원 비율도 현재 1.2%에서 30~40%까지 늘리려는 노력을 해야 한다. 여성의 가사노동을 무시하는 게 아니다. 여성이라는 이유로 가정에 구속되거나 직업의 내용이 제한되는 것은 불합리하다.

일본 남성들에게 존재하는 '암묵적 남존여비' 의식을 버리는 것도 중요한 과제다. 여성들도 좀 더 자립하려는 의지를 확고히 해야 한다. 당연한 말이지만, 보육이 일에 지장을 주지 않도록 사회적 인프라를 구축하는 것은 국가가 나서야 할 일이다.

● **대화 중심의 사회로**: 초등학교 때부터 토론수업을 의무화해야 한다. 토론과 논쟁을 통해 서로 다름을 인정하고, 대립된 의견으로부터 건설적인 대안을 찾아가는 길을 배우게 될 것이다.

아키타 현(秋田縣) 공립대학인 '국제교양대학'의 교육방침에 주목할 필요가 있다. 이 대학은 일본 기업들이 인재육성의 관점에서 가장 주목해야 할 대학으로 선정한 바 있다. 특히 커뮤니케이션 능력을 높이는 교육으로 유명하다.

대화를 통해 서로 다른 의견의 중요성을 알게 되면 삶의 다양한 방식과 행동에도 관대해질 것이다. 이것이야말로 '사람 중심의 교육'이다.

● **사회와의 유대 체험**: 어릴 적부터 자발적으로 무언가를 함으로써 다른 사람에게 '고맙다'는 말을 들을 기회를 만들어야 한다.

최근 일본에서도 '프로 보노(Pro bono)'가 유행이다. '공익을 위하여'라는 뜻의 라틴어 'pro bono publico'의 줄임말로 전문지식이나 서비스를 무상으로 제공하는 것을 말한다. '프로 보노'에 참여하는 사람들은 삶의 만족도가 매우 높다는 보고가 있다.

마지막으로 결코 피해선 안 되는 중요한 과제가 하나 있다. 노령화 문제의 해결이다. 출산율을 높이려는 노력에는 한계가 있기 때문에 인구 구성의 변화 흐름을 멈출 수는 없다. 일본은 가까운 장래 노동 인구 유지를 위해 많은 이민자를 받아들여야 할 것이다. 그럴 때 이질적인 문화에 관대하지 못한 현재의 일본 사회로는 안 된다. 이민자들과 충돌할 가능성이 높다는 얘기다.

일본이 다양한 가치관과 라이프스타일을 인정하고 개인의 선택과 자유가 존중되는 사회라면 이민자를 적극적으로 받아들여도 상관없다. 관대한 사회 만들기는 개인의 행복지수를 높이는 일이며 향후 일본의 미래를 위한 필수 과제다.

◯ 후기

  2011년 3월 11일 일본을 강타한 '동일본 대지진'으로 수많은 사람이 소중한 생명을 잃었다. 자연의 맹위 앞에 인생의 허무함을 실감한 사람도 많을 것이다. 언젠가는 끝날 인생이기에 우리는 반드시 행복한 삶을 살아야 할 의무가 있다고 생각한다.

  내 직업이던 '금융파생상품 트레이더'의 전장은 국경 없는 카지노판이었다. 하루에 수십억에서 수백억 수익을 올릴 때도 있었지만, 때로는 한순간에 수백억을 날리기도 했다.

  대학 졸업 후 신입사원 채용 때 세계 최대 증권회사에 입사한 나는 어느 순간 '합법화된 도박판'에 매몰돼 있었다. 어릴 적부터 지적 호기심이 많았던 내게는 금융지식을 쌓는 기회가 됐지만, 어느새 내 세계관도 바뀌고 말았다. 돈으로 돈을 버는 세계는 인간의 사악한 본성이 서로 부딪히는 곳이다. 약자를 얕잡아보고, 강자 앞에서는 알랑거리는 일이 비일비재하다.

  '팀워크'라는 그럴듯한 말로 포장해 사람을 이익 추구의 수단으로밖에 취급하지 않는 경우도 많았다. 멀쩡하게 거짓말을 하고 속은 사람만 바보가 돼 있었다. 그렇게 자기 보신에만 신경을 쓰는 곳이 금융의 세계였다.

입사해 5년이 흘러 번뜩 정신을 차려보니 나는 어느새 돈이라는 악마에 내 혼을 반쯤 빼앗긴 상태였다. '이러다가 되돌아가지 못할 수 있겠다'고 생각한 나는 사표를 낼 결심을 했다. 2008년 전 세계 금융시장을 뒤흔들어놓았던 '리먼 사태'가 발생하기 딱 10년 전 일이다.

기업은 수익을 올리지 못하면 존재 의의가 없다. 여기에 금융이라는 이름의 연금술은 자본주의의 극단적인 효율을 추구한 것이다. 금융상품 트레이더가 시장에 유동성을 공급하면 기업들은 더 싸고 효율적으로 자금을 조달할 수 있게 된다. 금융시장과 기업은 떼려야 뗄 수 없는 관계임에 분명하다.

그러나 나는 '어떤 일이 있어도 거짓말 따윈 하지 않겠다'고 다짐하며 살았다. 때문에 자신에게 충실한 새로운 삶의 방식과 사회가 있지 않을까 찾기 시작했다. 하지만 당시 나는 내가 가야 할 방향을 전혀 찾지 못했다. 문득 '이 지구상에는 내가 상상도 못하는 인생관을 가진 사람이 있을 것이다. 그런 사람들과 함께 기쁨과 슬픔을 나누면 지금과는 전혀 다른 관점에서 인생을 볼 수 있지 않을까' 생각했다. 그래서 나는 더 많이, 더 깊이 이 세상을 알아야겠다고 결심했다. 탁상공론이 아닌 지금과는 뭔가 다른, '리얼한' 세상을 체험해야 했다.

열다섯 살 때 처음 해외여행을 해본 이후 나는 항상 일본 사회에 대해 의문을 품고 있었다. 항상 다른 사람의 눈을 의식하는 '자기억압'으로 가득한 일본 사회가 내 마음을 짓누르고 있었다. 이는 일본의 전통과 문화라는 이름으로 사회에 뿌리 깊이 박혀 있었기 때문에 일거에 부정할 수 있는 것이 아니었다.

도대체 어떤 사회가 이상적인 사회일까. 어떻게 하면 개개인이 풍요로움과 만족을 동시에 느낄 수 있을까. 지금부터 일본인들은 어떻게 살아야 행복해질 수 있는 걸까. 이런 의문을 품고 나는 10년에 걸쳐 100개국 이상을 돌아다녔다. 그동안 내 생각과 삶을 규정하고 있던 패러다임을 바꾸는 여행이었다.

새로운 세계관을 찾아 내가 익숙한 문명과는 동떨어진 환경을 찾아다녔다.

파키스탄과 이란, 탈레반 정권 치하의 아프가니스탄 등 아시아 국가들을 여행했다. 2년 가까이 머무른 인도에서는 1년 동안 명상에 몰두한 때도 있었다. 검은 대륙 아프리카를 걸었고, 중남미 대륙을 구석구석 훑었다. 그사이 세계 각국의 문화를 좀 더 깊이 이해하기 위해 영국 런던대학에서 사회인류학 석사과정을 수료했다.

여행 도중 나는 수백, 수천 명과 만나 진심으로 웃을 수 있었다. 상냥하고 따뜻한 사람들은 내 심금을 울렸다. 때로는 낯선 문화에 의기소침해지기도 했지만 많은 사람들이 내게 용기를 주었다. 어떤 때는 밤을 새워가며 논쟁을 벌였고, 주먹을 주고받는 싸움도 했다. 그렇게 인종, 연령, 성별을 넘어 우정을 쌓았고, 불타는 사랑도 했다.

그렇게 무방비 상태로 세상에 내던져진 채 세상과 정면으로 부딪힌 여행을 끝내고서야 겨우 한 갈래 길이 보이는 것 같은 느낌이 들었다. 그것이 바로 개인의 가치를 최고로 만들고 사회 전체의 행복을 증진시키는 '사회개인주의'였다.

옮긴이 후기

부자 나라에 사는 불행한 국민

'행복'을 찾아 전 세계를 여행한 사람을 만났다. 그는 무려 10년 동안 100개국을 돌아다녔다고 했다.

일본인 메자키 마사아키(目崎雅昭, 45세) 씨. 그는 '인간의 행복'을 연구하는 심리학자도 철학자도 아닌, 그냥 좀 잘 나가는 직장인이었다.

메자키 씨를 만난 것은 2013년 3월 말 도쿄 시부야역 부근이었다. 일본의 행복지수 관련 자료를 찾다가 눈에 띈 『국가는 부유한데 나는 왜 행복하지 않을까』(원제는 '행복도상국 일본')라는 책의 저자로, 책 머리에 쓰여 있는 이력이 하도 특이해 '만나봐야겠다'고 생각한 게 계기였다.

그가 처음 내민 명함에는 '국제문화 애널리스트'라는 직함이 쓰여 있었다. '뭐 이런 직업이 있나. 일본에는 별 희한한 걸로 밥 먹고 사는 사람이 있네'라고 생각했다. 알고 보니 국제문화 애널리스트는 메자키 씨가 자기 맘대로 지어낸 직함이었다. 그 직업은 세상에 단 하나뿐이었던 것이다. 메자키 씨가 두 번째로 내민 명함에는 태양광에너지 발전회사 사장 직함이 적혀 있었다. 그는 한 기업의 CEO였다.

'어떻게 10년 동안 전 세계를 돌아다닐 수 있지? 원래 돈이 많은 사람인가?' 궁금하기도 하고 부럽기도 했다.

대학(게이오 대 상학부) 졸업 후 메자키 씨는 세계적인 금융투자회사인 메릴린치에 입사해 '금융파생상품 트레이더'로 일했다. 그는 한때 회사 내에서 세계 최고 수익을 올릴 정도로 잘 나가는 금융인이었다.

따지고 보면 그가 메릴린치에서 거래한 금융파생상품은 지난 2008년 세계경제를 뒤흔들었던 '리먼 사태'를 일으킨 주범이 됐다. 국제 금융시장을 지배했던 메릴린치는 '리먼 사태' 이후 뱅크오브아메리카(BOA)에 인수되는 수모를 겪었다.

메자키 씨는 메릴린치 입사 후 5년이 흘러 정신을 차려보니 돈이라는 악마에 자신의 영혼을 반쯤 빼앗겨 있었다고 고백했다. '합법화된 도박판'인 금융파생상품 시장은 그의 가치관과 세계관까지 바꿔놓았다. 그는 그래서 '너무 불행하다'고 느꼈다고 했다. 결국 메자키 씨는 냉혹한 국제금융의 세계를 떠났다. '리먼 사태'가 있기 10년 전이었다.

새로운 세계관을 찾아

'무엇을 해야 하나. 앞으로 어떻게 살아야 하나.'

그는 자신이 한 번도 가보지 못한 세상 속으로 여행을 떠나기로 결심했다고 했다. 그동안 메자키 씨가 발을 디뎌본 곳이라곤 태어난 일본과 미국, 그리고 유럽의 몇 개국 정도가 고작이었다.

우선은 인도와 아프리카, 남미를 여행하기로 했다. 세 곳에 각각 1년씩, 3년이면 충분할 거라고 생각했다. 그런데 인도에서만 2년을 머무르게 됐다고 한다. 결국 3년으로는 턱없이 부족했다.

메자키 씨가 세계여행 기간으로 정한 3년은 사실 일본에서 사회 복귀의 마지노선이라고 한다. 자신의 일에서 3년 이상 벗어나면 되돌아갈 수 없다는 게 '상식'이라는 것이다. 메자키 씨 역시 처음에는 일본 사회의 암묵적 동의의 산물인 그 상식이라는 굴레에서 벗어나지 못했지만, 결국 '갈 수 있는 데까지 가보자'고 결심하게 된 것이다. 그렇게 10년이란 시간이 흘렀다고 한다.

그가 여행한 나라는 여행지로는 어울리지 않는 곳이 대부분이었다. 2001년 9·11 테러가 발생하기 열흘 전에 그는 아프가니스탄에 머물고 있었다. 또 수단, 짐바브웨 등 오랜 내전으로 신변이 위협받는 아프리카 나라들을 돌아다니는 데만 1년이란 시간이 걸렸다.

여행 도중 그는 각 나라의 문화를 더 깊이 이해할 욕심에 영국 런던 대학(LSE) 대학원에서 사회인류학을 연구했다. 영국에서 공부를 마친 뒤에는 라틴아메리카 국가들을 1년 6개월에 걸쳐 여행했다. 그러던 중 아르헨티나에서는 스페인어와 탱고의 매력에 푹 빠져버렸다고 했다.

탱고에 대해 이야기할 때 그는 거의 광분했다. '누군가가 미리 짜놓은 몸동작이 아니라 음악에 몸을 맡긴 채 발산하고 싶은 동작을 마음대로 표현하는 것'이 탱고라고 했다. 특히 남녀가 상채를 밀착했을 때 뇌에서 가장 많이 분비되는 '행복물질'을 아르헨티나 사람들은 탱고를 통해 얻고 있는 것 같다고 했다. 그래서 탱고는 '자유'와 '기쁨' 그 자체라고 요약했다. 실제로 메자키 씨는 『국가는 부유한데 나는 왜 행복하지 않을까』의 서장을 아르헨티나 탱고에 대한 회상으로 시작했다.

혁신적 심리학자로 불리는 마이클 아가일(Michael K. Argyle) 영국 옥스퍼드 대학 교수는 "인간을 행복하게 만드는 것에는 운동과 음악이 있지만 댄스가 단연 최고"라는 연구결과를 발표한 적이 있다. 그는 특히 "그룹댄스 활동은 운동, 음악, 공동체 활동, 타인과의 접촉과 규칙이 복합된 것이어서 행복의 수준을 끌어올린다"고 주장했다.

넘쳐나는 행복 연구, 방향이 틀렸다

'경제발전으로 물질적으로는 더 풍요로워지는데 왜 그 전보다 행복하지 못한 걸까?'

'행복'은 오래전부터 철학과 심리학의 근본 물음이었다. 최근에는 경제학 영역에서의 연구도 활발하다. 2000년대 중반부터는 행복과 관련한 연구 논문 편수가 급속히 증가하고 있다.

그동안 행복 연구를 통해 분명해진 게 하나 있다. 물질적 부(富)의 증가와 '행복' 간에는 정비례 관계가 성립하지 않는다는 것이다. 미국 경제사학자 리처드 이스털린(Richard Easterline)은 이를 '행복의 역설'이라 칭했다.

물론 어느 정도의 경제성장은 반드시 필요하다. 절대 빈곤 속에서 인간이 행복을 느낄 수는 없기 때문이다. 폴란드 출신 유대인 사회학자 지그문트 바우만은 물질적 풍요와 행복의 연관성에 대해 "1인당 GDP가 일정 수준을 만족시키지 못할 경우 불행하다고 느끼게 되지만 어느 선을 넘으면 1인당 GDP와 행복지수 사이에는 연관성을 찾기 어려워진다"고 했다. 행복 연구자들은 보통 인간이 더 이상 행복감을 느끼지 못하는 경제 수준을 1인당 실질 GDP 기준 1만 달러 이상으로 보고 있다.

일본의 예에서도 GDP 성장과 행복지수의 상관관계는 전혀 찾을 수 없다. 생활만족도를 측정하기 시작한 1958년부터 2000년 사이 일본의 1인당 실질 GDP는 6배 이상 증가했다. 하지만 생활만족도는 거의 변함이 없는 것으로 조사되고 있다.

일본의 1인당 실질소득이 1만 달러를 넘어선 것은 1970년대 이후다. 5천 달러 정도였던 1958년은 현재의 중국과 비슷한 수준이었다. 즉 일본은 1만 달러 수준에 도달하기도 전에 이미 행복지수에는 더 이상 진전이 없었다는 얘기다.

1인당 GDP가 1만 달러 이하인 나라는 논외로 하자.

1만 달러가 넘는 나라들의 행복지수도 큰 차이를 보인다. 특히 비슷한 경제수준임에도 개개인이 전반적으로 행복감을 느끼는 나라와 그렇지 못한 나라가 극명하게 갈린다.

행복하지 못한 사회 속에는 결국 개인의 행복을 가로막는 그 무언가가 있다고 의심해봐야 한다. 행복의 이상향은 없다 하더라도 '불행의 사회 구조'는 분명 존재한다는 얘기다. 인접국 일본은 경제가 성장해도 행복감을 높이지 못하는 사회 구조를 갖고 있는 나라임에 틀림없다.

우리나라 역시 일본보다 나을 게 없다. 그런데 유감스럽게도 현재 한국 사회에서 이야기되는 '행복론'은 '행복한 사회'를 위한 담론과는 거리가 멀어 보인다. 기껏 받아들여진다는 것이 '내가 더 행복해지기 위해 무엇을 해야 하나'라는 정도의 심리학적 접근뿐이다.

가령 행복해지는 방법이라면서 '감사하는 마음 갖기' '하루에 30분 운동하기' '나를 사랑하기' 등등을 실천하자는 충고는 '배 고프면 밥 먹으라'고 얘기하는 것과 별로 다를 게 없지 않은가.

행복지수 측정의 신빙성

국가별 행복지수 순위는 천차만별이다. 조사기관마다 행복에 영향을 주는 지표를 달리 적용하기 때문이다. 행복지수 측정 지표는 크게 객관지표와 주관지표로 나뉜다.

객관지표는 행복지수에 영향을 줄 것으로 생각되는 통계나 각종 조사의 결과들이다. 가령 영국 레거텀연구소의 '레거텀 번영지수'는 객관지표를 근거로 행복지수 순위를 매긴다. 즉 한 나라의 경제수준, 교육,

통치형태, 건강, 안정, 사회자본 등 객관적으로 산출이 가능한 지표로 매긴 행복지수인 셈이다.

객관지표를 근거로 한 행복지수의 맹점은 같은 환경에 살고 있는 사람들의 행복도가 모두 같다고 취급해버린다는 것이다. 예를 들어 어느 한 지역이 치안상 안정돼 있고 사람들이 대체로 건강한 삶을 살고 있다고 하면 그 지역에 거주하는 모든 사람이 행복도가 높다고 판단한다는 얘기다. 실제로는 그렇지 않은데도 말이다.

반면 주관지표는 '당신은 지금 어느 정도 행복합니까?'라는 질문을 통해 어느 지역의 행복도를 측정하는 방식이다. 월드 밸류 서베이(WVS)와 월드 데이터 베이스 오브 해피니스(WDH)가 대표적인 '주관적 행복지수'다.

여기서 한국과 일본의 공통점 한 가지를 발견할 수 있다. 두 나라 모두 소위 객관적 행복지수 순위는 상당히 높은 편인데, 주관적 행복지수 순위는 후진국 수준으로 떨어진다는 것이다. '왜 이런 상황이 벌어지는가.' 바로 이것이 우리가 밝혀내야 할 수수께끼 중 하나다.

'자살' 그 불행의 상징

행복지수의 '객관지표' 중 자살률은 불행한 사회의 상징이다. 출산율은 그 반대다. 출산율이 낮고 자살률이 높은 사회는 멀지 않은 미래에 자연도태될 것이다.

자살률이 높은 나라 순위 30개국 중 20개국은 구공산권과 동아시아 국가들이다. 우리나라의 인구 10만 명당 자살자 수는 31명(2009년 기준)으로 세계에서 두 번째로 높고, 일본은 24.4명으로 5위다.

자살률이 높은 나라는 대개 권위주의적이고 집단주의적인 사회 분위기를 갖고 있다. 은연중에 '개인의 자유'가 경시되는 경향이 있다.

구공산권 국가들은 대부분 민주화되었지만 권위주의적 사회 분위기는 여전하다. 유교에 기반한 사회질서와 규율이 강조되는 한국과 일본 역시 겉으로는 자유로워 보이지만 암묵적으로 개인의 행동을 제약하는 사회 분위기가 남아 있다. 여성, 성 소수자 등 사회적 약자에 대한 배려도 별로 없다. 유감스럽게도 우리나라의 여성 자살률은 세계 1위, 일본이 2위다.

'집단성'이 강조되는 사회는 개인보다 집단, 사회, 더 나아가 국가의 이익이 우선한다. 사회 전체가 풍요로워지면 개인의 이익도 커진다는 발상이다. 이런 사회는 개인의 자유와 창의성을 '상식'이라는 이름의 '사회 분위기'로 짓누른다. 이런 사회의 행복지수가 낮은 건 당연한 일이다.

그런데 우리 사회에서는 자살 급증의 원인을 인구 사회학적 구조변화 또는 소득 불평등 심화 같은 데서 찾거나 개인이 처한 사회환경, 우울증과 같은 개인적 속성의 영향으로 취급해버린다.

소득 불평등 정도를 따진다면 아마도 아르헨티나 등 남아메리카 국가들이 우리나라보다 훨씬 더 클 것이다. 하지만 이들 나라는 자살률이 낮고 행복지수는 북유럽 국가에 견줄 만큼 높은 수준을 보인다. 왜 그런 걸까. 이 책에서는 바로 이런 궁금함에 대한 해답을 명쾌히 제시한다.

행복지수에 영향을 주는 지표들

가로축에 1인당 GDP, 세로축에 '주관적 행복지수'를 놓고 세계 각국의 행복 수준을 점으로 찍은 그래프를 보면 재미있는 결과를 볼 수 있다.

1인당 GDP 수준도 낮고 행복지수가 낮은 지점에는 대부분 구공산권 국가들이 몰려 있고 1인당 GDP 수준은 낮지만 행복지수가 높은 곳에는 라틴아메리카 국가들이 밀집해 있다. 1인당 GDP 수준도 높고 행복지수도 높은 곳은 북서유럽과 북아메리카 나라들이다. 극심한 빈곤에 시달리는 아프리카 국가들의 행복지수가 낮은 것은 논할 필요도 없다.

현존 행복국가 모델은 '라틴아메리카형'과 '북서유럽형'으로 나뉜다. 북서유럽 국가들은 그렇다 치더라도 라틴아메리카 국가들의 행복지수는 왜 높은지 곰곰이 따져봐야 한다.

만성적인 실업, 높은 범죄율, 사회 지도층의 부패 등 행복지수의 객관 지표 중 어느 것 하나 좋은 게 없는데, 국민들은 왜 행복하다고 느끼는지 그 원인과 해답을 찾아야 한다는 얘기다.

한 나라의 행복지수에 영향을 주는 지표들이 있다. 기후조건 등 자연환경과 소득격차, 고용(실업), 자살률과 출산율, 평균수명 등이 대표적이다. 하지만 이런 지표들이 객관적으로 좋다고 해서 반드시 행복지수가 높은 건 아니다. 가령 기후조건만 따진다면 극한의 환경을 지닌 북유럽과 적도 부근의 낙원 같은 섬 나라의 행복지수는 비교해볼 필요조차 없을 것이다.

소득격차도 그렇다. 경제적으로 불평등하지 않은 사회가 대체로 행복한 것은 맞지만, 라틴아메리카의 예에서 보는 것처럼 소득격차가 크다고 해서 행복지수가 낮은 것만은 아니다.

종교의 영향 역시 마찬가지다. 신앙심이 깊은 나라와 그렇지 못한 나라 중 어느 쪽의 행복지수가 높은지 딱 잘라 말하기란 어렵다. 예를 들면 어느 조사기관의 조사에서든 행복지수 순위에서 늘 상위를 차지하는 북유럽 나라 사람들의 신앙심은 같은 유럽의 라틴계 국가 사람들에 비해 깊지 않은 편이다. 또 종교의 영향이 절대적인 이슬람 국가의 행복지수는 대체로 낮다.

자살률, 출산율과 행복지수와의 관계 역시 조금 복잡하다. 자살률이 낮다고 해서 반드시 행복지수가 높은 것은 아니다. 물론 자살률이 높은 나라 중 행복지수가 높은 곳은 없다. 또 출산율이 높은 나라가 반드시 행복한 것은 아니다. 하지만 행복지수가 높은 나라 중 출산율이 낮은 나라는 없다. 또 출산율이 낮은 나라 중 행복지수가 높은 나라도 없다.

실업이 한 사회의 행복감을 떨어뜨리는 것은 분명해 보인다. 하지만 실업률이 높다고 해서 행복지수가 반드시 낮은 것은 아니다. 이는 사회 시스템에 따라 크게 좌우된다.

평균수명도 행복 수준과 별다른 상관관계를 찾기 어렵다. 장수국이면서 행복지수가 높은 나라가 있는 반면 낮은 나라도 있다. 세계 최빈국 아프리카 국가들은 평균수명이 짧고 행복지수도 낮다. 일본은 세계 최장수국이지만 행복지수는 높지 않다.

'관대한 사회'가 행복하다

그런데 한 나라의 행복 수준과 아주 밀접한 상관관계를 보이는 지표가 있다. 이른바 '사회적 관대함'이다. 관대함이란 개인의 생각, 행위 등 모든 차이를 존중하며 서로 간에 평등한 권리를 인정하는 것을 말한다. 월드 밸류 서베이(World Value Survey) 소장인 미국 시카고 대학 로널드 잉글하트(Ronald Inglehart) 교수는 "두려움 없이 인생을 살면 타인에게 관대해진다"고 말한다. 관대한 사회에서 개인은 무한대의 자유를 누린다.

관대함은 어느 나라에서든 반드시 존재하는 소수자, 즉 사회적 약자에 대한 태도를 보면 알 수 있다. 이른바 여성, 성 소수자 등을 대하는 사회 분위기가 관대함을 재는 잣대라는 얘기다.

대체로 동성 결혼을 인정하는 나라의 행복지수는 높다. 반면 동성 결혼을 인정하지 않고 행복지수가 높은 나라는 없다. 라틴아메리카 국가 중 동성애를 인정하지 않는 자메이카는 비교적 행복지수가 낮다. 그 외 라틴아메리카 대부분 나라들은 동성애를 인정하고 있고, 행복지수도 높다.

또 하나 지표는 남녀평등지수다. 남녀평등지수가 높은 나라는 행복지수가 높은 북유럽 국가들이다. 남아프리카공화국, 필리핀 등도 높은 편이지만 1인당 GDP가 1만 달러를 밑돌아 비교 대상으로는 부적절하다.

한국과 일본의 남녀평등지수는 조사 대상 134개국 중 100위권 밖이다. 이는 최하위 그룹인 이슬람 국가들보다 약간 높지만 아프리카의 짐바브웨, 탄자니아, 아시아의 방글라데시 등 세계 최빈국보다도 더 낮은 수준이다. 특히 동일노동 내 남녀 급여 차이, 남녀 수입의 격차, 여성의 노동 참여, 여성 관리직 숫자, 전문직 여성의 수가 적다. 또 여성 국회의원과 여성 장관 비율은 유럽과 비교할 수 없을 만큼 적다.

지난 대선을 통해 우리나라는 건국 이래 처음으로 여성 대통령을 배출했다. 일본은 아직 여성 국가원수를 가져본 적이 없는 나라다. 일본이 한국에 대해 부러워하는 것이 바로 이 부분이다. 많은 일본인들은 "그래도 한국은 여성 대통령을 배출하지 않았냐"며 향후 한국 사회의 긍정적 변화를 기대하고 있다.

리코더와 란도세르

180센티미터의 훤칠한 키에 얼굴도 잘생긴 아이가 '란도세르'에 리코더를 꽂아 메고 학교에 등교한다. 이 아이 이름은 미야가와 아츠시. 초등학교 5학년인데, 겉모습은 청년이다. 하지만 행동이나 생각은 영락없는 초등학생이다.

반면 아츠시의 누나 아츠미는 고등학교 2학년이지만 키가 137센티미터다. 이들 남매가 같이 등교하면 오빠와 여동생, 아니 아빠와 딸 사이처럼 보인다.

아츠시는 어른스런 외모가 항상 불만이다. 같은 반 여자 친구와 길을 가다가 유괴범으로 몰려 경찰서에 끌려 가는 등 별 희한한 일을 다 겪는다. 아츠시는 그래서 항상 "친구들과 키가 같았으면 좋겠어요"라며 슬퍼한다.

남들과는 다른 외모의 남동생과 누나의 일상을 그린 〈리코더와 란도세르〉는 이런 비정상적인 설정으로 강한 웃음을 주는 일본 만화다.

2012년 10월 게이오 대학 방문연구원으로 일본에 온 필자는 두 아이를 일본 공립초등학교에 보냈다. 둘째 아들 녀석이 학교 준비물로 리코더가 필요하다고 해서 100엔숍에서 구입해 학교에 들려 보냈다. 어느 날 아이 담임 선생님이 아이 편에 쪽지를 하나 보내왔다. "요즘 아이가 리코더를 안 갖고 오니 다음부터는 꼭 준비해달라"는 내용이었다.

'분명히 가져 갔는데……' 알고 보니 아들 녀석이 리코더를 가방 속에서 끄집어내지 않았던 것이다. 학교에서 돌아온 아이에게 "왜 그러느냐?"고 물으니 "친구들이 갖고 있는 리코더랑 달라 꺼낼 수가 없었다"고 털어놨다.

일본의 공립초등학교 1개 반 학생 수는 약 25명 정도인데, 모두가 같은 메이커, 같은 색깔의 리코더를 갖고 있었다. 하지만 내가 아이에게 사준 건 파란색 리코더였다.

일본 아이들은 선생님이 특별히 뭐라 말하지 않아도 같은 색깔의 같은 리코더를 사서 들고 다닌다. 행여 옆 친구와 다르면 집단행동을 해치는 것으로 생각해서다. 아마도 부모들이 그렇게 가르쳤을 것이다.

일본 초등학교에서 반드시 가르치는 리코더 연주는 '집단 하모니'의 상징이다. 아이들은 정해진 시간에 같은 색 리코더를 불며 집단 속 일체감을 배운다.

일본 아이들이 등에 메고 다니는 '란도세르'라는 이름의 사각 가방도 리코더와 같은 심리상태와 효과를 보이는 상징물이다.

'내가 속한 집단의 사람과 같은 행동, 같은 생각을 하지 않으면 왠지 불안하고, 다른 사람에게 폐를 끼칠 수 있다'는 염려가 책가방조차도 같은 것으로 통일하게 만든 것이다.

실제로 길거리에서 가끔 만화 주인공 아츠시처럼 어른만 한 키에 조그만 사각 '란도세르'를 멘 아이를 보면 우스꽝스럽기까지 하다. 하지만 일본에서는 란도세르를 메고 있으면 외모와 상관없이 초등학생임을 증명하는 징표가 되어 어른들 입장에서는 편한 일이다.

남과 다름을 존중하는 사회와 다름을 인정하지 않는 사회는 정신병의 증상도 다르게 나타난다. 프랑스에서는 '다른 사람과 생김새가 같아져버렸다'고 호소하는 사람이 많은 반면 일본에서는 '다른 사람과 달라져버려 친구들에게 미움을 받는다'고 토로하는 사람이 많다고 한다.

만화 주인공 아츠시와 내 아이의 고민은 '남들과는 다르다는 것'이었다. 일본은 자신이 속한 집단 속에서 생각이나 행동이 다르면 불편해 견디기 어렵게 만드는 사회다. 바로 이것이 집단주의의 전형이다.

집단주의가 불러온 개인의 불행

노벨 경제학상 수상자인 아마르티아 센 하버드 대학 교수는 "한 사회의 발전은 개인의 '선택의 자유'가 넓어짐을 의미한다. 풍요로움은 그다음 문제"라고 일갈했다.

자유란 자신의 의지와 선택대로 인생을 사는 것을 말한다. 제도로든, 암묵적 상식으로든 개인의 자유를 억누르는 사회에 행복한 개인이 존재할 수는 없다. 일본이 경제적 풍요로움에도 불구하고 행복지수가 낮은 것은 바로 자유가 없기 때문이라는 게 이 책의 저자 메자키 씨의 지적이다.

전 세계 192개국의 '정치적 자유'를 측정해 발표하는 '프리덤하우스' 조사를 보면 일본은 법적·제도적으로 높은 자유를 누리는 나라다. 하지만 사람들은 실생활에서 '자유'를 실감하지 못하고 있다.

세계 56개국 국민을 대상으로 다음과 같은 질문이 포함된 설문조사가 실시된 적이 있다. '당신의 선택과 의지대로 인생을 살고 있는가?'라는 질문이다. 여기에서 '그렇지 못하다'고 응답한 비율이 가장 높은 나라가 일본이었다.

반면 라틴아메리카는 법적·제도적 자유보다 훨씬 높은 '자유'를 실감하는 것으로 나타났다. 더욱이 이란, 사우디아라비아 등 이슬람 국가의 법적·제도적 자유는 세계 최저 수준인데도 실생활에서는 일본인보다 더 많은 자유를 느끼며 사는 것으로 조사됐다.

결국 일본인은 눈에 보이지 않는 무언가에 생각과 행동의 제약을 받고 있는 게 분명하다. 법과 제도적인 것 이외의 그 무엇, 즉 정신적 억압이 일본인의 자유를 구속하고 있는 것이다. 그게 바로 '집단주의'라는 암묵적 구속과 '상식'이라는 굴레다.

일본인들은 '상식적으로 살아간다'는 말에 많이 공감한다. 하지만 상식은 어느 특정 집단에서 보이는 평균적 행동양식에 불과하다. 상식을 의식한다는 것은 특정 집단과 같은 행동을 한다는 것을 의미한다. 가족, 친척, 친구 등 주위 사람들은 바로 그 상식을 무기로 삼아 보이지 않는 압력을 가한다.

물론 어느 문화에서든 상식은 존재한다. 상식이 없는 사회는 존립 자체가 불가능하다. 그렇다고 상식이 옳고 그름을 판단하는 기준은 아니다. 그러나 유감스럽게도 일본에서는 '상식인지 아닌지'가 옳고 그름의 기준이다. '상식'이 법적으로 주어진 자유를 행사할 수 없게 만든 것이다.

집단의 시스템을 유지하기 위해 개인이 존재하는 건 아니다. 하지만 일본은 시스템 유지라는 집단의 이해관계가 개인의 자유보다 강조되는 사회다. 이 책에서는 집단주의가 일본 사회에 가져온 폐해들을 적나라하게 들춰내고 있다. '부자 나라' 일본 국민들은 그래서 불행하다는 게 이 책의 결론이다.

왜 일본 이야기인가

이 책은 일본인이 쓴 일본 사회의 행복에 관한 책이다. 한국어판을 준비하면서 필자는 '이 책의 메시지가 우리나라 사람들에게도 분명 공감을 얻을 수 있을 것'이라고 생각했다. 이는 한국 독자들이 왜 이 책을 읽어야 하는지에 대한 답이기도 하다.

한국과 일본은 역사적, 지리적으로 닮은 점이 너무 많다. 경제가 발전했음에도 국민의 행복도는 거기에 한참 미치지 못하는 것도 닮았다. 비슷한 의식구조 때문이다.

우선 한국과 일본은 '절대로 바뀌지 않는 그 무언가를 기준으로 개인의 생각과 행동을 제약하는 사회'라는 점에서 닮았다. 가령 나이, 남녀의 차이 같은 것이다. 이는 집단주의 경향을 보이는 사회의 전형적인 특징이다.

두 나라는 소수자, 즉 정치 사회적 약자에 관대하지 못한 사회다. 예를 들어 성 소수자, 외국인, 여성에 대한 보이지 않는 차별과 억압 같은 것이다. 이런 사회는 항상 개인의 자유보다 집단 시스템의 유지를 더 중시한다.

두 나라는 또 개인의 선호, 즉 '좋고 싫음에 대한 구별'을 무시하는 경향을 보인다. 좋고 싫음을 명확히 구분하면 집단의 이익에 반하는 것으로 간주돼 철저히 배척당한다. 이른바 '몰개성'의 전형적인 특징이 드러난 사회다.

최근 우리나라에서도 '행복국가' 논의가 한창이다. 지난 대선 때 박근혜 캠프는 '국민행복'이라는 어젠다를 선점해 승리할 수 있었다. 하지만 어떻게 하면 우리나라가 '행복한 국가'로 변신할 수 있는지에 대한 논의와 실천방안은 잘 보이지 않는다.

우리나라가 북유럽 수준의 복지 시스템을 도입하면 북유럽 국가들만큼 행복해지는 걸까. 일본은 북유럽 수준은 아니지만 어느 선진국에도 뒤지지 않는 사회복지 시스템을 갖추고 있다. 하지만 국민 행복감은 개발도상국 수준에도 미치지 못하는 실정이다. 도대체 왜 그런지 따져봐야 한다. 일본의 '행복 이야기'는 그래서 우리의 이야기다.

2013년 7월
게이오 대학 연구실에서
신창훈

| 참고문헌 |

1. 아마르티아 센, 『빈곤의 극복』
2. H. C. 트리안디스, 『개인주의와 집단주의』
3. 에리히 프롬, 『자유로부터의 도피』
4. 오오이시 시게히로(大石繁宏), 『행복을 과학하다』
5. 오오다케 후미오(大竹文雄) 외, 『일본의 행복도』
6. 오쿠다 히로시(奧田碩), 『인간을 행복하게 하는 경제』
7. 가가 오토히코(加賀乙彦), 『불행한 국가의 행복론』
8. 가가 오토히코, 『악마의 속삭임』
9. 카렐 반 월프렌(Karel van Wolferen), 『재팬 시스템의 위장과 붕괴-행복을 빼앗긴 일벌레 국가 일본』
10. 카렐 반 월프렌, 『일본이라는 나라를 당신 것으로 만들기 위해』
11. 가와이 하야오(河合隼雄), 『개인에 대한 탐구』
12. 김일곤, 『동아시아의 경제발전과 유교문화』
13. 클라이브 해밀턴(Clive Hamilton), 『경제발전 신화로부터 탈피』
14. 겐지 스테판 스즈키, 『덴마크인은 어떻게 행복한 나라를 만드는 데 성공했을까. 왜 일본인은 인간을 소중히 여기는 시스템을 만들지 못하나』
15. 시부사와 타츠히코(澁澤龍彦), 『쾌락주의 철학』
16. 슈테판 클라인, 『행복의 공식』
17. 조지 오웰, 『1984』
18. G. 홉스테드, 『다문화 세계』
19. J. S. 밀, 『자유론』
20. 대니얼 네틀, 『행복의 심리학』
21. 대니얼 길버트, 『행복은 항상 바로 앞에 있다』
22. 도르지 왕추크, 『행복왕국 부탄』
23. 나쓰메 소세키(夏目漱石), 『나의 개인주의』
24. 하시모토 오사무(橋本治), 『일본이 갈 길』
25. 하시즈메 다이사부로(橋爪大三), 『행복 만들기』

26. 하라다 야쓰시(原田泰),『일본에는 왜 가난한 사람이 많을까』
27. 하야시 노조무(林望),『신개인주의 추천』
28. 다카다 켈러유코(高田 ケラ一有子),『평탄한 나라 덴마크-행복지수 세계 1위 사회에서』
29. 쓰지 신이치(辻信一),『행복의 경제학』
30. 데이비드 S. 란데스,『국가의 부와 빈곤』
31. 덴츠연구소, 일본리서치센터 편,『세계 주요국 가치관 데이터 북』
32. 도이 타카요시(土井隆義),『개성화에 내몰린 아이들』
33. 도이 타카요시,『친구 지옥-눈치 보기 세대의 생존』
34. 브루노 프라이, 알로이스 스터처,『행복과 경제학』
35. 폴 콜리어,『민주주의가 아프리카를 죽인다』
36. 마틴 셀리그먼,『세상에 하나뿐인 행복』
37. 막스 베버,『프로테스탄티즘 윤리와 자본주의 정신』
38. 무라마츠 에이(村松映),『유교의 독』
39. 리처드 니스벳,『나무를 보는 서양인, 숲을 보는 동양인』
40.『논어』
41. 와시다 기요카즈(鷲田清一),『자기 자신, 이런 이상한 존재』
42. Pierre Bourdieu, *Outline of Theory of Practice*, Cambridge, 1977.
43. Pierre Bourdieu, *Distinction*, Harvard University Press, 1987.
44. Paul Collier, *The Bottom Billion*, Oxford University Press, 2007.
45. Jonathan Haidt, *The Happiness Hypothesis*, Arrow Books, 2006.
46. Ricardo Haussmann, Laura D. Tyson, Saadia Zahidi, *The Global Gender Gap Report*, The World Economic Forum, 2009.
47. Ronald Inglehart, Roberto Foa, Christopher Peterson, and Christian Welzel, *Development, Freedom, and Rising Happiness*, *A Global Perspective*, Psychological Science, 1981~2007.
48. Richard Layard, *Happiness*, Penguin Books, 2005.
49. Sonja Lynbomirsky, *The How of Happiness*, Penguin Books, 2007.
50. Steven Pinker, *The Blank Slate*, Penguin Books, 2002.
51. Shelly E. Taylor, William T. Welch, Heejung S. Kim, and David K. Sherman, *Cultural Difference in the Impact of Social Support on Psychological and Biological Stress Responses*, Psychological Science, 2007.

52. Eric Weiner, *The Geography of Bliss*, Black Swan, 2008.
53. *The Economist*

〈웹 사이트〉

* 일본 총무성 통계국 http://www.stat.go.jp
* BBC News: http://news.bbc.co.uk/2/hi/programmes/happiness_formula/default.stm
* CIA; the World Fact Book: https://www.cia.gov/library/publications/the-world-tactbook/index.html
* Happy Planet Index: http://www.happyplanetindex.org
* IPU: http://www.ipu.org/wmn-e/classif.htm
* JAMA: http://jama.ama-assn.org/cgi/content/abstract/301/23/2462
* KOF Index of Globalization: http://globalization.kof.ethz.ch
* Legatum Prosperity Index: http://www.prosperity.com
* OECD: http://www.oecd.org/home/0,3305,en_2649_201185_1_1_1_1,00.html
* The Centre for Bhutan Studies: Gross National Happiness: http://www.grossnationalhappiness.com
* VOX: http://www.voxeu.org/index.php?q=node/4177
* World Database of Happiness: http://worlddatabaseofhappiness.eur.nl
* World Economic Forum: http://www.weforum.org/en/index.htm
* WHO: http://www.who.int
* York St John Re PGCE: http://yorksjre.wordpress.com/2006/11/25/world-map-of-catholic-populations

옮긴이 신창훈

성균관대학교 정치외교학과를 졸업했다. 내일신문을 거쳐 헤럴드경제신문 경제부 기자로 활동 중이다. 주로 정치부와 경제부에서 국회, 정당, 기획재정부, 한국은행 등을 출입했다. 2013년 일본 게이오대학교 경영대학원 방문연구원 재직 중 이 책을 번역했다.
저서로는 2007년 대선의 '네거티브 신드롬'을 파헤친 『덴마크 코끼리(공저)』가 있다.

국가는 부유한데 나는 왜 행복하지 않을까

초판 1쇄 발행 2013년 11월 10일

지 은 이   메자키 마사아키
옮 긴 이   신창훈

펴 낸 이   최용범
펴 낸 곳   페이퍼로드
출판등록   제10-2427호(2002년 8월 7일)
　　　　　서울시 마포구 연남동 563-10번지 2층

편　　집   김정선, 김정주, 양현경
마 케 팅   윤성환
관　　리   임필교
디 자 인   장원석(표지), 이춘희(본문)

이 메 일   book@paperroad.net
홈페이지   www.paperroad.net
커뮤니티   blog.naver.com/paperroad
Tel (02)326-0328, 6387-2341 | Fax (02)335-0334

ISBN   978-89-92920-92-6 (03300)

- 책값은 뒤표지에 있습니다.
- 잘못 만들어진 책은 구입하신 곳에서 바꾸어 드립니다.